## "中国粮油书系"编辑委员会

**主　任**｜邱清龙
**副主任**｜陶玉德
**委　员**｜邱清龙　陶玉德　刘新寰　姚大英
　　　　　徐劲松　李　平　裴会永　郭清保

**主　编**｜陶玉德
**副主编**｜刘新寰　裴会永

《百家说粮》
　编纂　任敏　白俐

《赢在五谷》
　编纂　王娜

《农经观察》
　编纂　石金功

《水煮粮史》
　编纂　王丽芳

《粮战演义》
　编纂　王丽芳

SHUI ZHU LIANG SHI

# 水煮粮史
## （下）

郑志刚　著

主　编　陶玉德
副主编　刘新寰　裴会永
编　纂　王丽芳

河南大学出版社
HENAN UNIVERSITY PRESS
·郑州·

## 图书在版编目（CIP）数据

水煮粮史．下／陶玉德主编．— 郑州：河南大学出版社，2018.5
ISBN 978-7-5649-3349-4

Ⅰ．①水… Ⅱ．①陶… Ⅲ．①粮食－经济史－中国 Ⅳ．① F326.11

中国版本图书馆 CIP 数据核字（2018）第118873号

| | |
|---|---|
| 责任编辑 | 郑　鑫　　吉宏飞 |
| 责任校对 | 李　慧 |
| 封面设计 | 王　勃 |

出版发行　河南大学出版社
　　　　　地　址：郑州市郑东新区商务外环中华大厦2401号　　邮　编：450046
　　　　　电　话：0371-86059712（高等教育与职业教育出版分社）
　　　　　　　　　0371-86059701（营销部）
　　　　　网　址：www.hupress.com
印　刷　开封日报社印务中心
版　次　2018年8月第1版　　　　　　　　　　　　印　次　2018年8月第1次印刷
开　本　710mm×1000mm　1/16　　　　　　　　　印　张　11.75
字　数　193千字　　　　　　　　　　　　　　　　定　价　29.00元

（本书如有印装质量问题，请与河南大学出版社联系调换）

总　　序

# 广阔天地大有文章

　　一晃就是六个春秋。历经六年多时间的沉积,"中国粮油书系"第二卷与大家见面了。

　　从生产、流通到加工、消费,围绕中国粮食这一主题,单学科、单作物品类的图书并不少见,但对粮食经济全面的关注却曾是"被遗忘的角落"。2011年,由《粮油市场报》策划出品的"中国粮油书系"(第一卷)面市,无意间填补了这片空白。书系的亮相在业内外引起热烈反响,并于次年再版。

　　六年风雨跌宕,六年硕果累累。这六年间,中国粮食持续丰产丰收,粮食科研成果捷报频传,粮食产业经济新风扑面,种植结构调整全面铺开,粮食收缩制度改革破冰前行,水土污染治理突破瓶颈……一些发轫于田间的"经验"强势绽放,一些期待已久的"靴子"渐次落地,之前被视为"硬骨头"的诸多难题有了破解之策。处于改革深水区的中国粮食产业人员撸起袖子加油干,咬定青山不放松,在历史接力中不断实现自我超越,不仅有力地解决了13亿人"吃得饱"的问题,而且让世界多国分享了中国五谷的芳香,为世界粮食安全提供了中国路径。但同时,我们也清醒地看到国内粮食库存积压,产业矛盾交织,谁来种、怎样种之困仍未化解,各种不确定性、不平衡性问题依然存在。

　　作为中国粮食行业主流媒体之一,《粮油市场报》自1985年创刊以来,始终肩负为耕者谋利、为食者造福的使命,以笔为犁深耕南北热土,以纸为简承载五谷波澜。无论是回望粮油人物撩开古老文明的一角面纱还是探秘广袤中华大地的农耕文化,无论是解码粮农企业家的财智方略还是对粮食产业的深度观察与思考,我们都始终围绕五谷做文章,与行业同呼吸共命运。在记录与见证中国粮食经济发展变革的过程中,我们看到许许多多的收获和欢欣,也见到许许多多的困难与挫折。我们更加深知,只有沉下去深度感知中国粮食经济的优势与劣势、历史与现实,才能真正读懂中国农业,才能深刻理解"将中国人的饭碗牢牢端在自己手中"的本质内涵,才能有力助推中国粮食更深层次、更高质量"满足人民日益增长的美好生活需要",阔步迈进新时代。因此,对于这块土地开出的思想之花、结出的实践之果,我们倍加珍惜,再次精心梳理、结集出版,希望以此为更多涉农、涉粮工作者提供与时俱进、更接地气的系统启迪与思考。

"中国粮油书系"第二卷由《百家说粮》《赢在五谷》《农经观察》《水煮粮史》《粮战演义》组成,其中《水煮粮史》为上下两册,《粮战演义》分上中下三册,全书共5套8册,涵盖专家观点、创业故事、三农观察、粮史解读、粮食文化等内容。书系第二卷在聚焦当下中国粮食发展现状、探讨未来发展趋势的同时,也从一些独特视角重新认识华夏粮食文化的博大厚重与来之不易。

本书系的出版凝聚着所有粮油市场报人的智慧,更凝结着诸多领导、专家、学者和报社主管单位的心血。在采访、报道和编撰过程中,许多权威机构和来自一线的粮食工作者热情出谋献策,答疑解惑,无私协助,是背后的无名英雄。在行文的过程中,我们部分参考了一些知名专家、学者的专著或论文,摘录了部分媒体记者的报道资料,他们深邃的思想、精彩的论述为文章增色良多,在此一并表示诚挚的谢意。

虽致力尽善尽美,但受能力和学识所限,书系中难免存在片面性或瑕疵,恳望读者朋友谅解和指正。

谁知岁丰歉,实系国安危。新时代的扉页已经打开,让我们携手,在新发展理念的指引下,砥砺奋进;在勤勉的耕耘中,把握未来。

# 前　　言

## 亦庄亦谐穿越粮史五千年

　　它是以"粮"为饵的奇闻串讲，它是带"笑"穿越的轻松笔谈，它是"食"海钩沉的严谨记录，它是鲜为人知的"粮"田解读。《水煮粮史》是由两卷共二百余篇散文绞成的线，徐徐牵出华夏五千年兴衰的悲喜根脉，正说、戏说互为补充，相得益彰。

　　本书中，"石粮走笔"卷从"中国粮"起论，涉及爱粮节粮、大饥荒、禁酒与粮、沉没的粮、被盗的粮、烧毁的粮、水毁的粮、文学与粮、艺术与粮、代粮的野菜、稻田画、邮票与粮、考古遗址与粮食等几十个选题，题材涉及古今中外，内容穿越东西南北，既与粮食热点紧密相关，更与粮食专业密切相连。作者力图博览群书，史海钩沉，把不少鲜为人知的涉粮史料连缀成一组组文章，向人们展现粮史天空的几片云彩、几朵雪花。

　　"志刚说粮"卷用典取于正史，言之凿凿，虽奇而无诳。近九十篇散文犹如一幕幕历史活剧，以"粮"为主角，给您的胸中装满酸甜苦辣、血雨腥风，却又能让您诙谐一笑走出沉重。其谐谑近于放诞，但后味良多。

　　全书每篇均为千字文，首发于《粮油市场报》。作者石少龙先生一直从事粮食工作，曾在县、省辖市、省三级粮食局工作，现任湖南省粮食局巡视员。石先生对粮食经济、粮史文化等研究颇深，在《粮油市场报》开辟"石粮走笔"专栏。郑志刚先生曾就读于粮食院校，从业新闻媒体、书画院，喜习文舞墨，为南京大学考古学博士、首都师范大学艺术硕士。当年吸粉无数的《粮油市场报》"志刚说粮"专栏，即为其地盘。

　　轻松读史，开卷得趣，增广见闻，再开思绪。《水煮粮史》将带给您全新的精神食粮。

编　者

# 目　录

## 第一章
Diyizhang

饿　者 ········································· 003
增　产 ········································· 005
谷　价 ········································· 007
粮　储 ········································· 009
麦　力 ········································· 011
悯　农 ········································· 013
五　谷 ········································· 015
镰　铚 ········································· 017
稻　菽 ········································· 019
面　识 ········································· 021
红　薯 ········································· 023
农　具 ········································· 025
秧　马 ········································· 027
嘉　谷 ········································· 029
翟　强 ········································· 031
张　海 ········································· 033
换　米 ········································· 035
回　鹘 ········································· 037

青　稞·····················································039
窝　儿·····················································041
粮　票·····················································043
铁　泪·····················································045

# 第二章
Dierzhang

猿　人·····················································049
仰　韶·····················································051
粮　祖·····················································053
小　康·····················································055
藉　臣·····················································057
后　稷·····················································059
井　田·····················································061
采　邑·····················································063
剃　氏·····················································065
李　悝·····················································067
商　鞅·····················································069
坑　农·····················································071
嬴　政·····················································073
水　德·····················································075
黄　老·····················································077
文　景·····················································079
予　牡·····················································081
赵　过·····················································083
区　田·····················································085
溲　种·····················································087

| | | |
|---|---|---|
| 王 | 莽 | 089 |
| 五 | 均 | 091 |

## 第三章
Disanzhang

| | | |
|---|---|---|
| 刘 | 秀 | 095 |
| 水 | 碓 | 097 |
| 岁 | 首 | 099 |
| 月 | 旦 | 101 |
| 屯 | 田 | 103 |
| 士 | 家 | 105 |
| 占 | 田 | 107 |
| 吃 | 疯 | 109 |
| 户 | 调 | 111 |
| 肉 | 糜 | 113 |
| 五 | 胡 | 115 |
| 南 | 渡 | 117 |
| 祖 | 逖 | 119 |
| 桓 | 温 | 121 |
| 淝 | 食 | 123 |
| 侨 | 置 | 125 |
| 土 | 断 | 127 |
| 王 | 谢 | 129 |
| 偷 | 米 | 131 |
| 孙 | 恩 | 133 |
| 卢 | 循 | 135 |

## 第四章
Disizhang

寄奴 ······················· 139
和市 ······················· 141
陈迹 ······················· 143
刘曜 ······················· 145
吴粮 ······················· 147
玩狠 ······················· 149
饿梁 ······················· 151
石赵 ······················· 153
冉闵 ······················· 155
慕容 ······················· 157
坚头 ······················· 159
王猛 ······················· 161
粮缘 ······················· 163
食毒 ······················· 165
佛狸 ······················· 167
九品 ······················· 169
食管 ······················· 171
课吃 ······················· 173
白菜 ······················· 175
元宏 ······················· 177

# 第一章

中国粮油书系第二卷之 水煮粮史(下)

Diyizhang

人食五谷,却未必真懂它们。它们看似默默地长着,却丰富着千年万载的心思。在嘎吱嘎吱的牙齿咀嚼声中,它们该痛苦的痛苦,该幸福的幸福,该无所谓的无所谓。它们一边被人漠视,一边又赢得排山倒海的敬畏与尊崇。说句不好听的,在五谷面前,我们永远都是不成器的子孙。

# 饿　　者

*提要：在今天，饥肠辘辘的感觉已经很难体会到了，除非你自愿。*

在今天，饥肠辘辘的感觉已经很难体会到了，除非你自愿。我1976年生于豫西北乡下，关于饮食，尽管类如"粗茶淡饭、家常便饭"这样的词儿填塞了我的大部分记忆空间，但刻骨铭心的挨饿感觉，老实说，我尚未体会过一次。由此，我时常感激己所寄身的这个时代，红日高悬、和风劲吹、庄稼如海、仓廪赛山。

前些年醉心读《史记》，曾在"仓廪实而知礼节，衣食足而知荣辱"的句子前愣怔半天：倘若自己早生数十年，岂不是要深陷于耳闻中的祖、父辈有一顿没一顿的饥馑泥沼之中？莫说进城读书、舞文弄墨、僭忝"斯文"行列，恐怕早就是一副赤膊立于垄亩之畔、吞吐着粗粝老风的田舍汉的尊容了。

饥饿与粮食密切相关，"谷不熟为饥，蔬不熟为馑"。如上所述，我一直认为，这个时代尽管有许多不如意，但至少远去了饥饿。然而，网络上权威发布的一则报道，却无情地击碎了我的想法。2012年3月15日，第31届联合国粮农组织亚太区域部长级会议在越南首都河内举行，包括粮食价格大幅波动在内的粮食安全问题再次成为热点。粮农组织认为，在粮食需求持续增加的同时，粮食供应却受到主要农产品生产率增长不足、可耕地扩增有限、土壤质量下降和水资源减少的制约。

此外，投入不足、农业基础设施及服务措施不完善也是粮价走高的推手……目前，世界饥饿人口约10亿，粮价上涨导致的饥饿人口仍在不断增加。

还有这么多人挣扎在饥饿的边缘！这使我手抚自己略显丰隆的肚腩，

顿感惭愧与紧张开始在胃囊中翻涌顶撞。粮价在上涨，耕地被抛荒，农人们甩开锄头成群结队地奔向城市的各个角落。我情不自禁地联想起冯梦龙在《东周列国志》中所描述过的："敝邑连岁饥馑，百姓流离。今冬稍稔，流亡者渐归故里，仅能自给，不足以相济也。"当然，用出自明末小说家冯梦龙笔下的先秦景象，来对应今日之乡野，是不恰当的。但是，如果让岁月的镜头回到20世纪五六十年代，就大大地不令人乐观了。那个时候，中国面临严重的粮食危机。许多人饿得全身浮肿，不仅槐花、榆钱、嫩柳叶、杨穗儿被捋食殆尽，连稻草、玉米秆、榆树皮、白鹭屎、观音土、草根、老鼠、麻雀、蚌壳、棉絮等也悉数被纳入饥肠。

《管子·五辅》云："天时不祥，则有水旱；地道不宜，则有饥馑。"现在粮价不稳定，有人吃不饱，你我身在福中，需要知足，需要珍惜，饭局结束了记得打包。

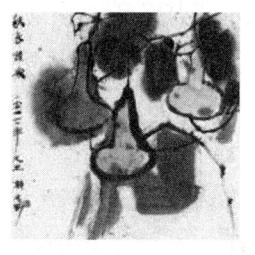

# 增　产

　　提要：我的一个痛比切肤的结论是，对土地，对粮食，万不可掉以轻心。否则，后果很严重，代价很惨重。

　　壬辰龙年（2012年）的春风里，泛绿的万千柳丝轻拂着涟漪柔柔的湖面，猫儿暧昧的叫声拌和着紫燕撩人的呢喃，到处都是希望，到处都是喜讯。

　　来自去年年末的一条喜讯所散发出的振奋人心的力量，至今还在持续。据新华网等媒体报道：2011年，我国粮食总产量达到11424亿斤，实现了历史所罕见的"八连增"，并连续5年超过1万亿斤。12月26日，国务院在北京人民大会堂隆重举行全国粮食生产表彰奖励大会。国务院总理温家宝出席大会。会议对全国200个产粮大县、300名突出贡献农业科技人员、300名种粮售粮大户和100名先进工作者给予表彰，对粮食生产工作成绩突出的省级人民政府给予通报表扬。国务院副总理回良玉在会上指出，我国粮食实现"八连增"来之不易，特别是在自然灾害频繁发生、市场环境异常波动、生产成本大幅上升的背景下，不仅创造了粮食总产的新纪录，也创造了粮食单产和粮食人均占有量的新纪录；不仅夏粮、早稻、秋粮季季增产，而且水稻、小麦、玉米各主要粮食品种样样增产，取得了极不寻常的显著成绩。

　　一直以来，我们受困于"两年增、一年减"的粮食生产怪圈，尤其是在种粮比较效益仍然偏低、城镇化浪潮持续奔涌、农民纷纷弃田打工的现实情况下，实现"八连增"，的确令人欢呼。然而，中国粮食生产未来所面临的形势，却是年逾一年的严峻。在"搞农业不如抓工业，抓工业不如开发房地产"的政绩观下，由"一个个项目"所诱发的强烈的地方圈地冲动,日渐将"重中之重"的农业耕地面积,压榨到18亿亩的"红线"临界状态。面对耕地缩减、务工成风的现实,常常有人发出"未来中国谁种粮"的感慨。

我是听着《在希望的田野上》这样热情饱满的歌曲长大的。令人惆怅的是,歌声中"我们的家乡",而今却平添了几分寂寥与荒落。农人们热烫烫的心,似乎不再沉浸在麦浪的丰盈与稻米的芳香之中,那种汗水在肥沃的土地上"吧嗒"摔成八瓣儿的奇妙声响,早已湮不可闻。秋高时节,通往青纱帐深处的细长小路,不再烟笼雾锁般的神秘,不再流溢出蚂蚱与蛐蛐演奏的乐章。相反,将我们的视线搅扰得乱七八糟的,却是丛杂疯狂的野草。

罢了,还是让我们像文化学者余秋雨先生的口头禅那样,"闭一闭眼睛,平一平心跳",暂且将这一腔幽幽怅惘,记在时代的账簿上吧。让我们转一转头颅,去关注一个亘古通今的事实,那便是粮食产量与价格之间的抑扬起伏。从康熙开始,清代实行雨雪、粮价奏报制度,要求各地及时将当年雨雪状况与粮价动态呈报。清政府将粮价与气象变化作出统计考察,贵粜贱籴,调节粮价。清末连续两年荒歉,米商乘机囤积,粮价上升;民国二年(1913年)粮食丰收,嗣后6年,米价每石徘徊在6.42~7.40元间;民国九年(1920年),黄河两岸遇旱;民国十年(1921年),长江流域涝灾。因旱涝交替,这两年上海米价每石分别升至9.61元和9.68元。民国十一年至十四年(1922~1925年),米价突破10元;民国十五年(1926年)苏浙发生旱灾,更因北洋军阀齐燮元和卢永祥、孙传芳和张宗昌先后在上海附近混战,导致米价扶摇直上,8月,曾高达每石17.85元;民国十六年至民国十七年(1927~1928年)粮食丰收,米价分别降到每石14.77元和11.17元;民国十六年(1927年)发生蝗灾,秋后米价回升。

啰唆了半天,我的一个痛比切肤的结论是:对土地,对粮食,万不可掉以轻心。否则,后果很严重,代价很惨重。

# 谷　价

提要："谷贱伤农"这个词儿里的"谷"不单指大米，而是囊括了人类生理所需的所有粮食作物。

1991年秋天之前，我基本上是在沁河南岸的那个小村里度过的，最常吃并且最爱吃的饭食是红薯糊涂和鸡蛋捞面。前者是黏稠而又香甜的玉米糁粥，它使我少小时期长年不刷的牙齿一度严重"涉黄"；后者因为融入了母亲的纯手工擀制，而充满了朴素绵长的味道。不得不承认，我是爱吃面的，爱到了骨子里，但同时，我也爱吃米。

在河南信阳，几乎一天三顿吃大米。

我观察过，吃大米长大的人，肤表漾动着一层文物包浆般的乳白色光泽，腻腻歪歪的、柔柔润润的，殊饶别味。如果非要下个结论的话，我个人感觉，那似乎是一种不大可靠的活络与聪透。原阳大米驰誉南北，并且真的比信阳米好吃。但原阳人以及与之毗邻的武陟县东部詹店镇一带的人身上，就没有那层"包浆"。说到底，这片遍布鱼塘与秧田的黄河稻产区，尽管有"豫北小江南"之称，但根子里还是北方小麦当家，任咋样吃米，终还是个偪偪直直的"面人儿"。

说到大米，顺带想到"谷贱伤农"这个词儿。当然，这里的"谷"不单指大米，而是囊括了人类生理所需的所有粮食作物。《汉书·食货志》有云："籴甚贵，伤民；甚贱，伤农。民伤则离散，农伤则国贫。"当粮食丰收后，为了尽快售罄，农民只能竞相降价。当粮价下跌的百分比超过粮食增产的百分比，则势必出现增产不增收甚至减收的情况，这便是所谓的"谷贱伤农"了。

这里有两则好消息。为保护农民的种粮积极性，进一步促进粮食生产发展，国家继续在稻谷主产区、小麦主产区实行最低收购价政策，并适当提高最低收购价水平。经报请国务院批准，2012年生产的早籼稻（三等，下同）、中晚籼稻和粳稻最低收购价分别提高到每50公斤120元、125元和140元，比2011年分别提高18元、18元和12元；2012年生产的白小麦（三等，下同）、红小麦和混合麦最低收购价均提高到每50公斤102元，比2011年分别提高7元、9元和9元。

大米、小麦最低收购价有所走高，粮农听了合当高兴。在社会主义的新中国，赖有司关照，粮农再也不用像叶圣陶在《多收了三五斗》里所描述的"旧毡帽"们那样，被"万盛米行"冷冷抛出的"糙米五块、谷三块"的报价，而伤害得欲哭无泪了。

关于"谷贱伤农"，还要提到一个叫冯道的人。冯道（公元882~954年）是中国大规模官刻儒家经籍的创始人，字可道，自号"长乐老"，五代瀛州景城（今河北交河东北）人，后唐、后晋时任宰相。欧阳修在《新五代史》中，有如是记述："天成、长兴之间，岁屡丰熟，中国无事……明宗问曰：'天下虽丰，百姓济否？'道曰：'谷贵饿农，谷贱伤农。'因诵文士聂夷中《田家诗》，其言近而易晓。明宗顾左右录其诗，常以自诵。"这里的明宗，指的是五代十国时期后唐第二位皇帝李嗣源。聂夷中是唐代诗人，籍贯河南洛阳，其诗《咏田家》云："二月卖新丝，五月粜新谷。医得眼前疮，剜却心头肉。我愿君王心，化作光明烛。不照绮罗筵，只照逃亡屋。"冯道的劝诫，虽然使贪享奢靡的统治者不免脸上挂不住，但天下苍生的凄惨境遇因之能得到关注，则这般"冒险"直谏，也便令人肃然起敬了。

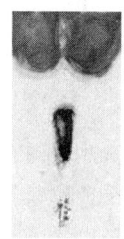

# 粮　　储

**提要**：中国古代政府为调节粮价、储粮备荒以供应官需民食而设置的粮仓，称作"常平仓"，能有效规避"谷贱伤农"及"谷贵伤民"现象的出现。

在豫西北乡间，新粮下来了，晒干、扬净，密封进家里的数口大粮缸。手中有粮，心里不慌，一年的光景算是踏实了。割麦子、打场子、晒粮食、装大缸，这些活儿我早些年还真没少干。在烈日暴晒之下、尘土飞扬之中，我默默地忍受着镰刀割指、麦芒刺背、汗泥粘身的烦恼，梦想着有一天能够彻底摆脱农桑，得享清凉闲适。

我的老家将开缸储粮的过程称作"入库"。将一满袋小麦扛起，站在粗大的粮缸边，解开袋口捆绳，只听"唰啦"一声，便见瀑布般喷泻出一股黄龙般的麦浪，随即暖烘烘的烟尘刹那间蒸腾半空，风吹日晒的土麦味儿不容分说地灌满了鼻腔。为了增加库容，在大缸将满之际，父亲另抖开一卷荆席或塑料毡，沿粮缸内径耸立围圆，储粮至满乃止。待得几条壮硕的大粮缸都饱饱地装满之后，严封密闭，堵漏塞缺，仔细检查妥当，才算告一段落。

从一家一户的"入库"，到村面粉厂专门辟出一大间屋子小山一样地储粮，再到如今我住所北邻的"郑州国家粮食储备库"，我想，粮食库存这项工作，都是需要尽心去经营。我注意到，2月27日，由国家发改委、国家粮食局、财政部和中国农业发展银行联合发布了《关于开展2012年全国粮食库存检查工作的通知》。通知中说：以2012年3月25日为检查时点，将对所有中央储备粮、国家临时存储粮、地方储备粮，以及国有粮食企业的商品粮库存进行全面检查，对纳入粮食流通统计范围的重点非国有粮食经营企业及转化用粮企业的商品粮库存进行全面调查，重点核查粮食库存账实相符、账账相符情况，库存粮食质量与卫生安全情况，储备粮轮换情况，政策性粮食补贴拨付使用情况，仓储管理和收购资格情况等。

　　如此广泛而严格的检查，其重要意义自是不言而喻。事实上，早在春秋战国时期，中国即已建立粮食仓储制度。中国古代政府为调节粮价、储粮备荒以供应官需民食而设置的粮仓，称作"常平仓"，能有效规避"谷贱伤农"及"谷贵伤民"现象的出现。不妨究索一下"常平仓"之历史。汉武帝时，桑弘羊创立平准法。之后，五凤四年（公元前54年），大司农中丞耿寿昌奏请在边郡普遍设置粮仓："以谷贱时增其贾而籴以利农，谷贵时减贾而粜，名曰常平仓。民便之。"常平仓遂作为一项正式的制度推行于较大范围之内。汉以后，常平仓置废不常。至明太祖洪武三年（公元1370年），政府命州县于四乡各置预备仓，出官钞籴粮贮之以备赈济，荒年借贷于民，秋成偿还，遂为一代定制，取代了常平仓。清顺治年间（公元1644~1661年），各府、州、县俱置常平及义、社仓，责成道员专管，每年造册报户部；康熙年间（公元1662~1722年），又定春借秋还，每石取息一斗，各地常平、义仓储粮永留本境备赈，并规定了大、中、小州县应储粮数。

　　据说，从1930年起，美国就将宋代王安石新政中的"常平仓政策"引入了罗斯福新政中。但在历史学家钱穆的《中国历史研究法》中却述及：抗战时期，美国副总统华莱士访华，在兰州甫下飞机，即向国府欢迎大员提起王安石来，深表钦佩之情，而那些大员却瞠目不知所对。因为在他们心中，只知有华盛顿、林肯，认为中国一切都落后，在现代世界潮流下，一切历史人物、传统、政制，都不值得再谈了。于是话不投机，只支吾以对。

　　想起国人对外的"不自信表现"岂独一个"常平仓"，不禁一声长叹。

# 麦　力

提要：麦苗拱出地面的力量，据说巨大到令人瞠目结舌的地步。我作过一首记不得名字的七律，中有"破土嫩芽力孟贲"的句子。

麦苗拱出地面的力量，据说巨大到令人瞠目结舌的地步。我作过一首记不得名字的七律，中有"破土嫩芽力孟贲"的句子。

孟贲乃先秦勇士，战国时卫国（约今鹤壁、新乡一带）人，力大无匹。《史记·范雎列传》云："成荆、孟贲、王庆忌、夏育之勇焉而死。"不用说，咱得为家乡有这么一条优秀的豫北汉子而骄傲。为了充分表达对种子力量的敬仰，我不惜生拉硬扯地请出孟贲，试图在两者之间画一大差不差的等号。且不管姓孟的高不高兴，反正咱们的麦苗先给哄得劲了，好好挺秆儿、结穗子，今年夏粮肯定照旧大丰收。

粮食增产关乎国计民生，不好好弄可不中。为此，今年中央财政进一步加大了粮食生产政策扶持力度。权威消息说，2月29日，财政部已拨付农业防灾减灾稳产增产关键技术良法补助资金10.4亿元，对东北水稻大棚育秧、南方早稻集中育秧和冬小麦主产区实施"一喷三防"给予补助。其中，河南省打算将小麦"一喷三防"补助资金集中用于95个粮食生产核心县。这么多钱，想想都叫人眼馋哦。

作为打小在麦田里"放养"长大的农村人，我对小麦是爱恨交加。爱它让我吃饱了肚子：母亲当年在老院子里支开三条腿儿的薄铁鏊子，烧麦秸做熟的白面烙馍，卷上荆芥叶儿拌黄瓜丝儿，嘎吱嘎吱地嚼，香香美美地咽，实在是没齿难忘的幸福记忆。恨它让我吃尽了苦头：嘟嘟囔囔地锄地、汗流浃背地割、吭吭哧哧地扛、火火辣辣地晒，我的少年时光就这么搅满了麦香味儿。好不容易考上学了，谁料又到遥远的豫南读了整整4年粮食学堂。我曾仰天长叹，把这一切归咎为自己不小心招惹了麦神。在那些懵懂愣怔、哧溜一下就杳无踪迹的年月里，对于小麦，我才不管它丰不丰收、增不增产，哪怕在三夏农忙时节整日飘满柔情而清凉雨丝的时候，我都不会发表一丁点儿意见。

照以上不识好歹的说法，好像这么多年来，都是小麦自个儿犯贱，巴结着把我喂饱了一样。事实上，这种起源于中东地区、广泛种植于全球的禾本科植物，并不那么容易打发。想要小麦丰收，土壤养分必须全面而充足，还要注意浇好灌浆水、麦黄水，喷施叶面肥，防止早衰。此外，病虫害防治也是一大项，诸如条锈病、叶锈病、秆锈病、赤霉病、腥黑穗病、散黑穗病、黄矮病、红矮病、吸浆虫、红蜘蛛、叶蝉、蛴螬、金针虫、蝼蛄、麦叶蜂、麦秆蝇等，皆为增产之克星。比如，白白胖胖的蛴螬，貌似温文尔雅，实质上却是夺人口粮的大害虫，与当下某些官场上的腐败者，有着一样的尊容。

在我看来，小麦的力量绝不仅仅体现在拱动地面的时候，"麦神"的实力是综合的。我们的主食之一是小麦的颖果，它们磨成面粉后可做馒头、面条、包子、馄饨，经过发酵能制白酒、啤酒、伏特加酒所需的酒精。那一锅锅由雪白的面粉熬成的稀糊糊粥，温温热热、口感醇香，千百年来不知喂养了多少帝王将相、贩夫走卒。说它是大地的乳汁，一点儿也不过分。况且，未成熟的小麦还可入药治盗汗，小麦皮能治脚气病，如是，等等，说它浑身是宝，一点也不矫情。

我老家种的是生长期长达180天的冬小麦。10年前，在天高云淡的河西走廊，我还见过秋天收割的春小麦。30岁以后，每次我瞅见麦苗心里就热乎乎的。如果真有麦神，我愿意每天为它上一炷香，恭恭敬敬地。这炷香为我，也为天下所有劳人。

# 悯　农

提要：父亲是你的，也是我的，归根结底是我们大家的。经年劳作在田间地头的父亲，"锄禾日当午，汗滴禾下土""春种一粒粟，秋收万颗子"，粮食从他们的指缝间，源源不断地流入我们的食管与胃囊。

抛出"锄禾日当午"，没谁不能应接如流地背出后三句的。这首五言古诗是《悯农二首》之一，作者李绅，中唐诗人。因为年轻时写了这么两首小诗，李绅千古留名，被誉为"悯农诗人"。活了74岁的李绅，尽管"悯农"之后，又写了好多诗、当过好多官，甚至还有与元稹、白居易共倡"新乐府运动"的骄人经历，但千年之后，能让人记住他的，竟然只是这两首小诗。

两首小诗，尤其是《锄禾》这首，竟然有着穿越千年时空而不朽的强大生命力，实在让我有点想不通。单就艺术水准而言，我个人认为，在"千岩竞秀、万壑争流"的李唐诗苑，《悯农二首》实在是拿不上桌面的。两首诗相较，《锄禾》更是明显处于劣势，但家喻户晓、妇孺皆知，与李白的"床前明月光"、王之涣的"白日依山尽"等名篇一样地脍炙人口、占尽风流。而类如杜甫的《秋兴八首》、韩愈的《石鼓歌》等高华磅礴、兴味悠长的经典之作，"基层影响力"反倒远逊于干瘪稚嫩的《锄禾》了。在中国诗歌史上，这的确是一个耐人寻味的重要话题。或曰篇幅大小决定了传播阔狭，依我看也未必尽然。

不管怎么说，《锄禾》诗因为浅显易懂、朗朗上口而抚慰了占有绝对数量优势的农业人口憔悴而忧伤的心，获得了千载的知名度与影响力。在经济持续发展、物质逐日丰富的今天，这首诗所饱含着的"诫世"功能，对于愈演愈烈的粮食浪费现象，尤其具有尖锐的针砭效用。尽管这种效用在人们麻木得近乎"塑料化"了的节约良知面前，往往显得尴尬、滑稽、微弱不堪。在高校餐厅、机关食堂等非奢华型集体场合，悬之粉壁的"锄禾"诗并不鲜见。瞟着这样的诗句，照旧糟蹋着"粒粒皆辛苦"的物质食粮，不管你们做到做不到，反正我是不咋做得到了。

农民确实不易，"悯之"合该。看过罗中立作于1980年、以达县老农邓开选为人物原型、斩获第二届全国青年美展金奖的油画《父亲》后，我们的神经，更应该被画面上纵横交错的皱纹刹那间绷紧。

评委吴冠中建议将画作原题目"我的父亲"的前两字去掉，使之愈加简洁、沧桑，具有覆盖中华大地的人性涵盖力。是的，父亲是你的，也是我的，归根结底是我们大家的。经年劳作在田间地头的父亲，"锄禾日当午，汗滴禾下土""春种一粒粟，秋收万颗子"，粮食从他们的指缝间，源源不断地流入我们的食管与胃囊。

对于他们种植粮食的劳动，我们究竟应当怎么看？是怜悯，还是敬重？是不屑，还是无关痛痒？据说浪费粮食是要付出折寿的代价的，那么漠视、蔑视甚而鱼肉农民的人？现在的城里人就是太不把"乡巴佬"当回事了，当今的农民也再没心情去唱《击壤歌》，一切都发生了错综复杂的变化。李绅的诗写得不咋地，但他还有起码的向下的同情心的目光。眼下的中国诗人都写些什么劳什子内容呢？我看不懂，你不愿看，那就让他们尽情地自我陶醉去吧。

# 五　谷

提要：人食五谷，却未必真懂它们。它们看似不吭不哈地长着，却丰富着人们千年万载的心思。

"人吃五谷杂粮，哪有不害病的？"这是咱的口头禅之一。五谷，到底是哪五样粮食作物呢？答案不一。你要说了，费那脑子干啥，咱只管吃着美就是了。没错，人生大事，首要吃美喝爽，如果经历过三年困难时期，这般体验会更深刻。

但是，种着五谷、嚼着五谷、唠着五谷，却搞不清五谷到底是啥，怎么看都有点儿"缺心少肺"。迎着骀荡的春风，你终于幽幽地说，四体不勤，五谷不分，正是当今浮躁得可怜的城里人的写照啊。

瞧你，好不容易感慨了一句，还闹了个荒谬的大笑话。在此，我得与你共同感慨：汉语中处处是"地雷"啊！"四体不勤，五谷不分"，那是时常吊在我们嘴边的八个字。大概很有一部分人，不晓得它出自《论语·微子》。即便晓得出处，也不见得理解其确切含义。那位"以杖荷蓧"的丈人，究竟是在借以讽刺子路不谙农桑，还是形容自己劳碌无暇？长期以来人们对此分歧未休。我个人服膺清末朴学大师俞樾的推论，倾向于后一种见解。在这个问题上，连硕儒朱熹都犯了幼稚浅薄的错误。可见对于古籍的诠释，需要多么谨慎的学术态度啊！因而，我们更没有理由不去好好追索一下"五谷"的谱牒了。

"五谷不分"虽然不是分不清五谷的意思，但是"五谷"一词，的确最早见于《论语·微子》。到汉代，儒家对五谷产生了不同说法。譬如，《周礼·天官·疾医》郑玄注："五谷，麻、黍、稷、麦、豆也。"而《周礼·夏官·职方氏》郑玄注为"黍、稷、菽、麦、稻"。孰是孰非，且让我们来看考古遗物。长沙马王堆汉墓出土的遣册和粮食遗骸表明,汉代的五谷一般是指黍、粟、麦、菽、稻;陕西咸阳汉景帝阳陵南区第17号丛葬坑等出土的粮食主要有麦、粟、黍、菽;西安三兆村3号西汉墓出土釉陶仓上的粮食名称显示,当时关中地区主要的5种粮食作物分别为黍、粟、大麦、大豆、麻。更令人头昏的是,西汉末期的著名农学家氾胜之,在他所著的据说是中国最早的一部农书的《氾胜之书》中,称禾、黍、秫、稻、小麦、大麦、大豆、小豆、麻为"九谷"。

看来,"五谷"是成心要让我们堕入云里雾中了。经过反复比对、综括研究之后,现代学者终于拿出了意见:事实上,五谷是几种主要粮食的泛称。随着时代和地区的不同,所包括的作物也有变化,并且这些作物在粮食生产中的地位也不一样。这个结论总算有了点儿拨云见日的感觉,"五谷"似乎刹那间"丰登"了。

具体说来,"五谷"中的粟,是一种非黏性小米,俗称"谷子",乃百谷之长,主产于黄河中下游地区。在洛阳烧沟汉墓,就出土有写着"粟万石"字样的陶仓;新安县铁门镇15号汉墓,也发现了"粟"字陶仓。恰与粟相左,黍则指黏性小米,又名"糜子""黍子""黄米"等,同样是黄河中下游地区的主要粮食作物之一,生长期虽然比粟短,却更耐干旱瘠薄。至于小麦的种植,可以上溯到距今约4000年的新石器时代末期。稻更厉害,已有万余年栽培史。

人食五谷,却未必真懂它们。它们看似不吭不哈地长着,却丰富着人们千年万载的心思。在嘎吱嘎吱的牙齿咀嚼声中,它们该痛苦的痛苦,该幸福的幸福,该无所谓的无所谓。它们一边被人漠视,一边又赢得无尽的敬畏与尊崇。说句不好听的,在五谷面前,我们永远都是不成器的子孙。

# 镰　　铚

**提要**：细细想来，被收割的岂止稻麦，简直还有绵绵无绝期的岁月。

在"康拜因"（即联合收割机）开进垄亩之前，谷物收割主要靠镰刀。10多年前，草帽、镰刀和架子车，是炎炎烈日之下，榨取我大海般味道的汗水的"铁三角"组合。当时我恨它们，现在却对它们充满了无尽怀恋。有那些年的农业劳动经历垫底，我的人生因之而厚重。那些与汗水、茧子长年厮混的木柄镰刀们，曾经油光发亮、神采奕奕，现在却闲挂在乡村的墙壁上，只有落寞地咀嚼铁锈与灰尘的份儿了。

"获不可不速，常以急疾为务。芒张叶黄，捷获之无疑。"这是西汉晚期的著名农书《氾胜之书》对谷物收获的经验性总结。那么，2000多年前的秦汉时期的收割工具是什么呢？考古发现表明，主要是各种形制的镰刀，另外还有少量铚刀。这两种刀绝大多数为铁质。其中，镰刀按其刃部结构可分为锋刃镰与齿刃镰两类，前者刃口为扁薄锋利的线形，后者则为锯齿形。铚刀又称"瓜镰""掐刀"，扁平板状，一般呈长方形或半月形，靠近背部有一孔或两孔，相比之下，数量要少一些。

穿越2000多年茫茫时空，我们通过考古究明，秦汉时期的谷物收获方式，不外镰刀收割与铚刀掐穗。两种方式的区别是：前者连同秸秆一起芟割，后者却只割穗儿。前者我们实在太熟悉了，后者却颇感陌生。而事实上，相关资料显示，3000多年前的商周时期，收获庄稼便是只割穗儿不割秸秆的，一个原因是当时荒原四布，饲草和苫草都富余得像人吃撑了一样。

如果不出意外，商周时期的镰刀应当是青铜质的。安徽蚌埠双墩古墓中，几年前便曾出土过两个距今约2600年的青铜镰刀头。据分析，这两个镰刀应该是整体放入随葬器物坑的，木柄易朽，只剩下了有着锯齿状刃口的刀头。这种青铜镰之所以弄成齿刃，可能是利于长时间保持刃口锋利，从而减少打磨次数。需要指出的是，青铜镰刀并非先秦特有，在基本实现铁器化的秦代之后，部分边远地区仍在使用。譬如，晋宁石寨山西汉时期墓葬出土有铜镰刀，江川李家山发现有西汉后期的铜骹铁刃镰，呈贡县石碑村西汉墓葬、呈贡天子庙西汉前期墓等地出土有铜铚刀等。

谷物收割场面，在汉代画像石、砖上都有所表现。拿陕西绥德县延家岔村出土的画像石上的收获图来说，画面大幅刻绘谷穗儿累累长垂，右侧一农夫戴便帽、着长衣，正持镰欲割的景象。而成都市出土的画像砖上的收获图，则于整齐成行的稻丛中，刻画了三个弓腰俯身之农人，其中一人似在秉铚掐穗，右侧另有两人舞镰斩秸。

事实上，挟镰获稼的除了农夫，还有诗人。"腰镰欲何之，东园刈秋韭"是盛唐诗人王昌龄《题灞池二首》中的句子。这位"七绝圣手"早年贫贱，困于农耕，年近不惑始中进士，故而，持镰刈韭对他来说不会陌生。在王氏手中，镰刀遭遇了诗歌，刃口酣饮了韭汁，弯月形的寻常铁片儿因之平添了数抹"形而上"的色彩。

细细想来，被收割的岂止稻麦，简直还有绵绵无绝期的岁月。千年光阴，镰锈般裹蚀着曾经锋锐的记忆，使我们在"康拜因"的潇洒驰骋之中，逐渐钝化了对镰刀的纯手工印象。而今我们远离乡村，抚平镰刀割伤皮肤所造成的伤口，淡忘对沉厚而又慈爱的黄土地施弓背曲腰、挥汗如雨的"请安"仪式。

我们白净净、飘飘然地，在都市的温暾水里，一天天被没有痛感地阉割掉农气。

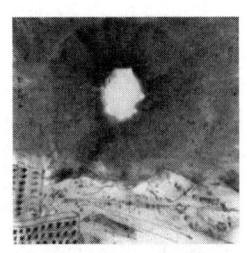

# 稻　菽

> 提要：且说这"稻菽"二字，连起来就是稻谷。若切分单论，则"菽"乃豆之总称，一般特指大豆，或曰"菽豆"，早在秦汉时期，便是重要的粮食作物之一。

"喜看稻菽千重浪，遍地英雄下夕烟。"这是毛泽东《七律·回韶山》中的句子，写于1959年6月。从1927年初在韶山考察农民运动之后，直到写这首诗，毛泽东整整32年未回过老家。

细想来，单此一项，就不是凡俗之人所能弄成的。

送走了双亲，润之辗转奔波，32年间没能省墓韶山。如果要我猜，想念他的除了那像烈火、像朝霞、像鲜血的杜鹃花，估计就是这迎风浪千重的稻菽了吧。

且说这"稻菽"二字，连起来就是稻谷。若切分单论，则"菽"乃豆之总称，一般特指大豆，或曰"菽豆"，早在秦汉时期，便是重要的粮食作物之一。

在洛阳烧沟汉墓，就有写着"大豆万石""小豆万石"字样的出土陶仓。另外，洛阳西北郊81号汉墓出土的陶仓上，也墨书有"豆"字。对于这些饱胀着时代精神，天性奔纵、朴茂古厚的2000多年前的民间书法遗存，我极为喜爱并曾反复临摹。但尽管如此，比较而言，大豆实物遗迹的发现则少多了。据分析，这可能与当时的丧葬习俗有关，也从一个侧面反映出大豆的种植不及稻、麦、粟等普遍。

说到稻的实物遗存，那是相当丰富的。随便举个例子：湖北江陵凤凰山167号西汉墓出土的仓中，竟有4束稻穗卷放其中，每束10穗左右，色泽鲜艳，穗、颖、茎、叶外形保存完好，颗粒饱满，但稻粒已炭化，经鉴定为典型的粳稻，其单位产量大致是现代产量的一半。想来有些意思，人活着的那些年，吞咽过不胜枚举的稻粒，死了以后，还要带一些到墓穴中，大概是担心阴间挨饿吧。瞧呀，大米那白白胖胖的丰满形象，在黑漆漆的没啥子娱乐项目的冥界，是不是还要承担为亡魂提供某种暧昧视觉资料的责任呢？你真想知道答案啊，就问那些炭化的稻粒去吧。

在千重浪卷的稻菽面前，我们的伟大领袖在六月的韶山之夜失眠了。

窗外，月光如水，蛙鸣荷塘。主席很感慨，写诗很激动。当然不仅仅是因为白天看到了密密麻麻的稻菽在微风中有点像波浪。但至少有可能，似杨玉环一般丰盈的稻菽，使得这首著名的诗篇显得通体饱满。这一点，大概是那些农奴戟、霸主鞭所不容易办到的。

现在，假使"菽"与"稻"搭档实在是又烦又累了，欲另觅"新欢"可咋整？也好办，既然水性杨花，干脆便赐它个"水"字。"菽水承欢"这个词，表面上看好像怪不正经的，实际上说的可是孝养父母的严肃事儿。记住，想让爹娘高兴，就用豆子和水。孩子们虽然穷一点，但侍奉椿萱的一腔赤诚，还是令人十分感动的。

这方面，读读毛主席的《祭母文》、李商隐的《祭韩氏老姑文》，还有《礼记·檀弓下》中孔夫子那句"啜菽饮水，尽其欢，斯之谓孝"之后，今夜，你很可能除了不会写诗，要像伟人一样睡不着了。

# 面　　识

提要：小麦始植于距今4000年前后的新石器时代末期，到战国时期，在黄河下游地区已经形成一定的规模。

4月下旬，我去西安了几天。我爱西北，那里有火辣辣的情歌——信天游，还有麻香筋劲的各种面食。在快到西安市的浐灞区时，我隔着车窗发现一家名叫"关中灞道面"的面馆，不禁连声赞叹老板会起名字。

到了古都长安，我一头扎进寻常巷陌，在丛生的小面馆之间，咽着口水穿行。吃着陕西面，就着陕西话，那叫一个美！往往，面在薄铁皮上"biang-biang"摔响，滚沸着清汤的大铁锅黑黝黝地不吭气，葱花、蒜苗、韭叶、芫荽，都已备齐，辣子油红无比鲜，这时咱那不争气的胃液就开始恣肆汪洋了。拉面、卤面、油泼面、棍棍面、棋花面、浆水面、翡翠面、龙须面、木樨面、菠菜面、裤带面、刀削面、酸汤面、烩面片，闹得咱眼花缭乱、魂不守舍。若再往细了说，还有合阳踅面、大荔炉齿面、韩城大刀面、永寿长寿面、汉中梆梆面、安康窝窝面、定边荞剁面、耀州咸汤面、麟游血条面、富县鸡血面、礼泉羊肉合面、乾县酸汤挂面、潼关一窝丝扯面、西安猴头面等等，再诱惑下去我是要迁户口了。

在"面条像裤带"的陕西，在油泼辣子所营造的倔强、炽烈氛围之中，我的思维开始呈发散状，不安分地想念山西平遥用荞麦面做成的栲栳栳、甘肃兰州的牛肉拉面、敦煌的干拌面，还有郑州的羊肉烩面。

这些面食无一例外地让我瞬间化为饕餮。个中原因，在我理解，是小麦在磨成粉末、数番揉擀的过程中，将浑厚苍莽的中西部地气也一并糅合进面团的劲道中从而化为了在粗瓷大碗中散发香气、勾人心魄、如龙游走的根根面条。我愿意将小麦看作千千万万枚银针，为蓝莹莹的高天和黄腾腾的厚土，不停地灸疗与导引。它们是天地交融的脉管、阳光雨露的驼峰。

小麦始植于距今4000年前后的新石器时代末期，到战国时期，在黄河下游地区已经形成一定的规模。秦汉数百年间，随着农田水利的发展和防旱保墒耕作技术的进步，尤其是石转磨的推广，麦类粮食种植更是繁盛。在居延汉简的记述中，麦是出入和食用最常见的粮食品种之一。

由麦粒到面条，可以说是一个脱胎换骨的"涅槃"过程。若拿这个过程喻指人生，那么人一辈子早已活得宠辱不惊、智慧通达。那面条，沾带着霜霰般的细粉，苗条而又粗豪，柔弱而又坚强，充满了辩证法。

千万别轻看了这些再寻常不过的面条，在浩浩汤汤的历史长河中，它们曾拥有过优雅的芳名。譬如，我们今天所谓的过水面或凉面，在唐代叫"冷淘"，为宫廷食品，尤以"槐叶冷淘"驰名。《唐六典》载："太官令夏供槐叶冷淘。凡朝会燕飨，九品以上并供其膳食。"而南北朝时称面条为"水引"，更是古雅之至。在书法上，篆书又名"引书"，以形容其字状蟠曲逶迤。面条如篆，倩水引之，安能不令人叫绝！此外，面条在东汉有"煮饼"、魏晋有"汤饼"之别号。

去一趟西安，贪享许多面食，增长不少"面识"。真想沉下心来客串几年老陕，横扫长安面食，如此才有面子。

# 红　　薯

提要：清官加红薯，终于解了民瘼。今日宦海诸公，究竟还有几个吴焕彩呢？

当年读吴伯箫的《菜园小记》，记住了"瓜菜半年粮"这句俗谚。我喜欢吴氏散文那种朴素而深情的味道，至今提起它的名字，内心还会像想起家乡的老粗布一样，充满了亲切和喜爱。在那些吃不饱饭的年月里，包括红薯在内的一系列瓜瓜菜菜，起到了延续生命的巨大作用。我虽然没有挨过饿，但武陟县乡下的红薯玉米粥，却使我香香甜甜地喝过廿余春秋。

此外，我还曾撅着屁股、一瓢水一瓢水地浇灌栽种过红薯秧苗；拨开密密匝匝的红薯秧子，将丰硕而又挺实的纺锤形块根从沙土中刨出来。红薯可生吃、蒸吃、煮吃、烤吃、炒吃、炸吃，做嫩红薯叶粥、红薯面条、红薯凉粉、红薯汤圆等等，红薯给了我太多的口舌之欢。我终生感谢红薯，随时愿意向红薯鞠躬。

以外貌形态论，红薯如根雕般千差万别，颜色也大致有红、白、紫三种。就像艺术家有许多笔名、雅号一般，红薯也有甘薯、番薯、山芋、地瓜、线苕、白薯、白芋、芋头、红芋、金薯、甜薯、朱薯、枕薯、红苕等一大堆别称。对这种旋花科一年生植物，河北人甚至呼作山药或者红山药。

大多数人对红薯开花没有印象，包括我在内，从来认为朴实的红薯与花事无缘。但事实上，芝麻开花节节高，红薯开花年年有。其花冠为钟状，漏斗形，形近牵牛，色白或紫红。红薯花之所以罕见，是因为我们吃的是红薯之根而非其果，往往花开之前，块根即已成熟收获。一场浪漫的花事，就这样被"掐灭"在未然之时。何况，红薯花期本来就短，花也不大，即便悄然绽放，也多被忙于生计的红男绿女忽略到爪哇国里去了。

吃红薯不用担心发胖，而且其还有强大的抗癌作用。红薯含有丰富的糖、胡萝卜素和多种维生素，特别是富含赖氨酸，恰为米面所缺乏。它被欧美人唤作"第二面包"，绝非空穴来风。

《本草纲目》对红薯的评价是"补虚乏、益气力、健脾胃、强肾阴"；而《本草纲目拾遗》则有"地瓜能补中、和血、暖胃、肥五脏"的说法。在农家，想要不掏钱得到一块红薯，只需嘴巴甜一点。纵便当面为盗贼，抓起一块便跑，也懒得有人去追。但是，老实巴交到人皆贱之的红薯，却可养生祛病。由之可知，我们曾经在不经意间"浪掷"过多少貌似平凡、实则宝贵的物或人。倘移用朱自清散文《匆匆》的语气，那便是：你聪明的，告诉我，那个红薯一样给人甜、给人饱、给人暖的人，为什么一去不复返了呢？

当官不为民做主，不如回家卖红薯。娘呀，卖红薯似乎成了天底下最低贱不过的职业。红薯咋这么不遭人待见呢！事实是，每到国力衰微的时候，好官的作用便凸显了；每到青黄不接的时候，红薯才真正成了宝贝疙瘩。这里要提到乾隆二十五年（公元1760年）进士、山东范县知县吴焕彩。据《清史稿》卷四百七十七、列传二百六十四载："商地民苦纳租，欲请免而格于例，代输租之半，教之种番薯，民困乃纾。"清官加红薯，终于解了民瘼。今日宦海诸公，究竟还有几个吴焕彩呢？说了一通红薯的好，并不代表它老人家没缺点。比如，红薯中蛋白质和脂质含量少，便是其不足之一。好在现在牛奶几成家常便饭，与红薯搭配食用便是。此外，红薯吃猛了或吃撑了，不仅难以消化，还会导致腹胀、烧心、打嗝、泛酸、排气等。所谓排气，说白了就是放屁。鉴于此，建议你吃罢红薯少约会。

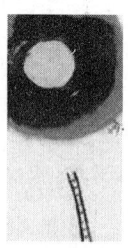

# 农　具

提要：当一个好诗人一定要以潦倒穷愁为代价吗？面对含嘉仓，我不禁大声追问。

我们这些北方"麦派"人物，向来是认为米不如面的。如果出差南国有日，返回黄河岸边的头一件事，有可能是赶紧弄碗烩面吃吃，接下来才是和媳妇亲热。北方汉子、婆姨们，微微涨红着脸，在火辣辣的大日头下，埋头收他们的麦子吧。事实上，随着农业机械化作业的飞速普及，挥汗舞镰的场景于今变得鲜少。碾场子、打麦、垛麦秸、扬场、晒麦子等一系列繁重的活计，基本消失殆尽。5月底，我抽空回了几天乡下的老家。在我们石荆陶村，除了收割机开不进去的沁河滩地，其余平原上的大片麦田，都是这边机声隆隆，那边麦粒即已黄龙翻滚般灌满了肥嘟嘟的粮袋子。科技发展彻底改写了农作模式。以往镰刀时代，当小麦刚刚成熟，家家户户便开始竞相收割，因为接下来还有环环相扣的多重程序在等着进行，并且某些程序需要数家组合才能展开。一步落后，不仅会节节慌乱，还将懒名远扬。但近年来，不到焦麦炸豆的最后时刻，没人会急着招呼收割机。熟透了的麦粒儿不经晾晒而直接入库，乡亲们由此免去了许多灰头土脸状的烈日蒸烤。

农业生产工具的大力发展，使得农人心安理得地一天天"懒"起来。据说秋天代人掰玉米棒子的机器正在研制改进中，大概不久的将来，收玉米的机械化程度也差不多要达到收小麦的程度。不得不承认，种田真是越来越轻松了。生产工具确实是生产力发展的助推器。写到这里，我想起千余年前的唐代，曲辕犁的出现引来无数耕者一片欢声。唐以前笨重的长直辕犁，回转困难，起土费力，效率低下。而江南农民创制的曲辕犁，据陆龟蒙《耒耜经》载，由犁铧、犁壁、犁底、压镵、策额、犁箭、犁辕、犁梢、犁评、犁建和犁盘共11个部件组成，结构复杂，深浅操作自如。曲辕灵活，犁壁可减少阻力，只牛即可牵引。除此之外，在长江流域，还出现了先进的汲水筒车，利用流水为动力旋转，将水汲至高处，再注入灌溉渠中。

农具如此给力，怪不得李唐王朝会强盛得令人羡慕嫉妒恨。据考，唐初的垦田面积达到了850万顷，甚而开元（公元713～741年）、天宝（公元742～756年）之际，出现了"耕者益力，四海之内，高山绝壑，耒耜亦满"的撼人景象。堪为力证的一个例子是含嘉仓——始建于隋大业元年（公元605年）的在洛阳的一个大型粮仓。1971年之后进行的考古发掘表明，兹仓东西长600米，南北700米，有400余窖。大窖可贮粮万余石，小者数千石，共可藏五六百万石。此外，还发现了已经炭化的谷子50万斤。

面对如此盛世豪粮，咱们据说经常受冻挨饿的河南老乡杜甫，在《忆昔》一诗中，吟出了"忆昔开元全盛日，小邑犹藏万家室。稻米流脂粟米白，公私仓廪俱丰实"的句子。当一个好诗人一定要以潦倒穷愁为代价吗？面对含嘉仓，我不禁大声追问。其实仔细想想，这事还真怨不得社会。既然老杜你自称"独耻事干谒"，干吗还要低三下四地老去求官。倘若换个活法，就干脆凑钱买架曲辕犁样的得力农具，在锦官城的浣花溪畔，放平心态，埋头干活，起码的饱暖还是没问题吧。

可惜杜同志中了诗歌的魔。可恨中国农民史不稀罕少一个清瘦的耕者，而文学史却无法想象"诗圣"的缺席。

# 秧　马

提要：秧马出力了，大米增收了，千万当心出售时别被无良贩子给蒙了。

苏东坡曾在今武汉地区看到过秧马。他在七言诗《秧马歌》的序中说："予昔游武昌，见农夫皆骑秧马。以榆枣为腹欲其滑，以楸桐为背欲其轻，腹如小舟，昂其首尾，背如覆瓦，以便两髀，雀跃于泥中，系束藁其首以缚秧。日行千畦，较之伛偻而作者，劳佚相绝矣。"子瞻是我最佩服的古人之一，他不择地而出的万斛才思，不是钱能买到的。今日类如为女儿婚礼而豪掷7000万元的山西煤黑子们，也休想收购苏子无两才情之万一。呵呵，不过我可不敢保证坡公不爱钱并且不好色。读《秧马歌》中的"春云濛濛雨凄凄，春秧欲老翠剡齐"，在惊叹其喻物造境的高妙能力的同时，对秧马这种移栽水稻的工具，也顿生亲近之感。若将苏髯翁聘作秧马的形象大使，依我看再合适不过。

经验告诉我们，文化名人一旦热衷某样东西，该东西就注定要红透半边天喽。

正如东坡描述，秧马像小船般头尾翘起，操作者骑坐于上。插秧时，将船头所置秧苗插入田中，再双脚使力向后滑动；拔秧时，则双手薅起秧苗，捆缚成匝，置于船后仓中。如是既省足力，又可载秧，于稻区农人而言，实在是极便利的代劳工具。在泥地里乘坐秧马，能有效提高行进速度，减轻劳动强度。具体说来，其构造融入了力学原理，底板相对宽大，且凹面向上，这样，受力面大了，压强反之就小。宽阔的底板将人的重量分散开来，避免了陷入泥潭不能自拔。还有一点需要特意指出，秧马的设计很体贴，上面那块木板的凹面，与屁股的生理弯曲颇相切合，坐上去不致有难言之"硌"。

尽管我迄未领略过秧马滋味，但一想到那些白花花的大米饭中，有一分属于秧马的功劳在，便油然而生出敬意。如果任我臆思：稻区晨曦里，青碧的秧苗噙着晶莹而又滚圆的露珠儿，在秧马人哼出的民歌声中，稻田被涂抹上一层金色的霞光。事实上，这般诗意景象大约很难与有着生计重荷的农人，形成对应了。

更多的时候，秧马上的他们所面对的，是带着泥腥味的浑黄水浆，夏季水田里扑面而来的灼人热浪，汗如雨下间夹杂着的腰酸背疼，等等。而终日承受着胯下之辱的秧马，啥时候都是默不作声的。它所期待的，或许只是傍晚上田时被仔细地清洗干净，然后攀上主人的臂弯，在炊烟袅袅中，一路舒爽地回家去。

秧马又称秧船、秧凳、秧板等。在武汉农村，所谓起秧或扯秧，就是指把秧苗从秧田（育秧苗的田，俗呼"秧底"）里扯出，用备好的齐整稻草（俗呼"齐草"）扎好，然后运到稻田去插。秧底里水大、苗矮，扯秧时，如果没有秧板，是难以忍受长时间躬腰的。尤其是双抢（抢时间完成早稻收割和晚稻插秧）季节，往往天不亮就去扯秧，一直扯到七八点钟，好为一天的插秧做准备。我想，正是有了秧马的坚忍承重与宽宏滑翔，繁重、溽热与单调的劳作，才变得有诗意而清凉起来。

听俺唱：长路奉献给远方，秧马奉献给稻香，可我拿什么奉献给你，我的奸商！秧马出力了，大米增收了，千万当心出售时别被无良贩子给蒙了。

# 嘉 谷

提要：嘉谷堂创立之后，完备了诸般章程，大伙有事就聚集到堂内商议，皆以公平为准绳。

麦收方毕的一个热天里，我手摇芭蕉扇，漫将古书来读。一篇作于清光绪二十年（公元1894年）的碑文《上海米业公所嘉谷堂碑》撞入眼帘。厥文乃"邑人姚文撰，仁和高邕书"。姚氏为清末上海名绅，而杭州人高邕则声名更著。高邕，字邕之，生于1850年，自署苦李，曾做过江苏县丞，寓居上海时间最长。此君以"苦李"为号，是因为酷爱唐代李邕的书法，苦苦追摹，痴已入骨。其于书法之外，复能作画，山水花卉，神味冷隽，难入俗人眼目。1909年，高邕在上海豫园与钱慧安、蒲华、吴昌硕、王震等艺界名流创立书画善会，义卖赈灾。1921年殁于沪，享寿72岁。

我之所以不惜笔墨，大肆介绍碑文之撰者、书者，是因为若非出自名手，兹碑不见得会被重视而妥加保护。世间事大抵如此，没点特别之处，谁会愿意多看一眼？诗、书、画、印四绝的艺术大师吴昌硕曾为高邕刻过名章，收入《吴昌硕印谱》第95页的"高邕""李庵"等5枚印，见证了二人深厚的交情。17年前，是书在焦作市被购得后，随我奔波辗转，常在箧中。

趸回碑文。文中说："嘉谷堂在玉带门内万军台下水穹窿侧，本米行公所。同治九年（公元1870年），舍以为米店公所，乃易今名。"上海是江海要津，帆樯转输，云屯蚁集，繁华热闹自不待言。1894年，甲午中日战争爆发，遂致"粮价奇昂，各路遏籴，人心震动。沪关禁米出海，捕治偷贩，官绅士庶，皇皇于此"。战事使米价飙扬，而"米店一业，与居户同休戚，系民食綦重，不可不思所以振兴之也"。

众所周知，上海为通商总埠，商贾云集，月食米至十余万石，"非有二三君子，急公好义以董理之，则私运垄断之弊，将日出而不穷"。米行公所，也就是嘉谷堂，便是在这样的背景下"艰难缔创"的。胡南坡、沈友松等人是创业骨干，继之者则有蔡竹楼、奚赓、沈尧亭、胡鹿湘等。嘉谷堂创立之后，完备了诸般章程，大伙有事就聚集到堂内商议，皆以公平为准绳。这样的米行公所，当然广受欢迎。

　　此次刊石立碑的一个重要由头，是要集资重建嘉谷堂。集资经费如果有所盈余，将用以抚恤行业内之孤寡者。这自然又是一件大大的善事。胡南坡之子胡文炜，全程参与此事，将事情的前前后后详细讲给姚文听，请他作文以记之。这样一件关乎民生利益的事情，谁好意思推辞。于是，援笔写文则姚文、挥毫作书则高邕、续跋则金尔珍、刻字则吴隐，俱为当时文艺界第一流大名家。

　　需要特意指出的是，碑文显示，"姚文撰，高邕书"于光绪二十年（公元1894年），而"金尔珍跋、吴隐刻"则在光绪二十六年（公元1900年），前后有6年之隔。后者当补记、刻于前碑空白处。其中，金尔珍乃回族人，号少芝、苏庵，性高洁，善书画，通金石，精鉴别，与吴昌硕、任伯年等金兰结拜，人称少芝四弟，经常参加沪上书画活动，积极参与杭州西泠印社和上海豫园书画善会的组建。而吴隐则是近代著名的金石篆刻家、文化企业家，光绪三十年（公元1904年）与浙派篆刻家丁仁、王禔、叶铭等创设西泠印社于西湖孤山，并自设分社于沪。

　　一通关于上海米业的碑记，竟牵带出数位盛名昭彰的文人艺术家，实在令人惊喜。说到底，这都是粮食的魅力啊！

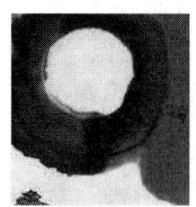

# 翟　　强

提要：吐鲁番的葡萄熟了，翟老兄的太太跑了。到那时候，生活就会毫不犹豫地暴露它残酷的嘴脸。连仅有的那头耕牛，大概也会淌着貌似忠厚的泪水，被迫考虑易主而事了。

翟强是十六国时期的一个新疆男人。具体说来，他生活在今吐鲁番市东南约40公里的阿斯塔那，在军事部门当着一个职位很低的小官。尽管沾着"官腥味"，事实上却已经走向破产，负债累累，还因被指受贿而一度下狱。坎坷潦倒之际，这个无奈的男人终于沦为体力劳动者，不得不与别人"共分治"6亩葡萄园，期以贴补度日。

葡萄男人翟强的故事，出自1966年新疆阿斯塔那墓地第62号墓出土的两件文书，姑且以"翟强辞为共治葡萄园事"命名。文书出土时残损严重，字迹漫漶，殊难辨识。经专家考证释读，大略可知，翟强与一个名叫"积"的人，订有"共分治"葡萄园的契约。据分析，这6亩葡萄园分属两人所有而又恰好集中在一处的可能性较小，土地很可能属"积"所有，翟强大概是佃耕人的角色。

或曰老兄你唠叨了这么多，与粮食何干？实际上，在新疆，进一步说在吐鲁番，将葡萄视作粮食之一种，也许并不过分。何况，从翟强的遭遇中，我们可以还原并分析1500多年前祖国大西北地区的农业劳动生产关系，意义自然非同一般。

这不，人物与小麦立马就扯上了关系。

同墓出土的另一件名为"翟强辞为负麦被曳牛事"的文书显示，因家贫难挨，翟曾于春季向一个叫"佛流"的人借麦2斛，本息合计，到夏天应当还麦3斛。时间转眼即到，他却无力偿清，只能还一半欠一半。佛流老兄当然不乐意了,便强行拽走翟的耕牛,吃劲儿使唤4天,总算是抵消了麦债。

这里有个传统惯例,便是"倍称之息"。依此,借麦2斛,利息便是半年1斛,全年2斛。连肚子都喂不饱,还当官呢,不嫌丢人!穷汉翟强真叫个没自尊。没办法,只好找"积"种葡萄去。虽然葡萄园是两人"共分治"的,但"积"的身份有两种可能:一是出租者,但也提供一些肥料、工具之类的生产资料,本人不参与劳动;二是以土地所有者和劳动者的双重身份与翟强共分所获。如果是前者,两人之间便是纯粹的地主与佃农的租佃关系;若是后者,则两人既有主佃关系,也有劳动者之间的合作关系。但无论哪种情况,翟强都是被剥削者。

在葡萄园文书中,还提到由于当年遭到风灾、虫灾,葡萄枯花减产,导致两人在分配问题上发生争执,对簿公堂,请求"分处"一事。这说明,租佃契约得到了官府的正式认可,产生了法律效力,缔约双方可以根据契约规定的权利和义务进行诉讼。

在美丽而又苍凉的西域,近1600年前的高昌国治下,底层小吏翟强竟然落魄到借粮度日的地步。吐鲁番的葡萄不仅没让他尝到甘美的味道,反而使他过上了吃了上顿没下顿的日子,平添了满腹新愁。翟强老兄,要是再不想法子改善现状,接下来,恐怕就是老婆闹离婚了。吐鲁番的葡萄熟了,翟老兄的太太跑了。到那时候,生活就会毫不犹豫地暴露它残酷的嘴脸。连仅有的那头耕牛,大概也会淌着貌似忠厚的泪水,被迫考虑易主而事了。

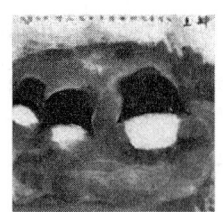

# 张　　海

**提要**：一个张海倒下了，千千万万个张海爬起来，无休无止，不消不歇，只要"进口"的事情得不到圆满答案。

张海反了，在北宋庆历三年（公元1043年）。连年饥荒、民不聊生，再也忍受不了官府和地主的压迫剥削，他只有揭竿而起。

咱明白了，张海是个农民起义领袖。他和一个叫郭邈山的，手下各有一支人马，通过大小斗争的磨炼，二人均已具相当实力。公元1043年，两人会师商山（今陕西商洛），高擎义旗，过关斩将，所向披靡。关于此次起义，欧阳修作了简评："天下之忧，恐自此始。"六一居士果然眼毒，张海他们果真闹大了。

都说当官的草包多，张海算是见识了。

起义军攻入金州（今陕西安康），知州王茂先吓得两股战战，自动打开城门，任由军资兵器库被夺。还有更可爱的：到顺阳县（今湖北老河口）时，县令李正己同志，竟然用令人热血沸腾的欢庆鼓乐，把张海他们迎入县城，好酒好菜招待不说，还将县署厅堂拾掇停当，供义军安歇。写到这里，我的耳边禁不住响起了那熟悉的"快把咱亲人迎进来，咿儿呀儿来吧哟；热腾腾油糕哎咳哎咳哟，摆上桌哎咳哎咳哟；滚滚的米酒快给亲人喝，咿儿呀儿来吧哟"的歌声。

张海们的势头老猛了。他们纵横驰骋在京西路地区（今陕西、河南、湖北交界一带），开府库，以钱帛赈济贫民。如此大规模的起义，几欲摇撼东京。只听铁面无私的黑老包描述道："张海一岁之内……京西十余郡，幅员数千里，官吏逃窜……以至江淮州县，无不震惊。"这样一来，中国宋朝的第四代皇帝——宋仁宗赵祯，再也坐不住了。他重赏募勇，剑指义军。终于,因寡不敌众,庆历三年(公元1043年)年底,豪气干云的张海,倒在血泊之中。

分析起来,张海之所以起义,很重要的一个原因是吃不饱肚子。粮食吃不到嘴里,那就只有玩命了,这是颠扑不破的真理。而事实上,赵宋王朝在推动农业生产方面,下过不少功夫。比如公元966年,赵匡胤下诏:"有能广植桑枣、垦辟荒田者,止输旧租;县令、佐能招徕劝课,致户口增羡、野无旷土者,议赏。"太宗赵炅时,曾令各地方推举一名有熟练技术的农民为农师,参与指导农事,为农师者可免赋役。

始于公元1069年的王安石变法,推行的诸如农田水利法、青苗法、方田均税法及免役法等,都有促农增产的作用。此外,为解决南北作物品种之不同,以便"参植以防水旱",有司"诏江南、两浙、荆湖、岭南、福建诸州长吏,劝民益种诸谷,民乏粟、麦、黍、豆种者,于淮北州郡给之;江北诸州,亦令就水广种粳稻,并免其租"。麦豆南移可以套种,充分利用地力,提高单位面积产量。

政策有心而执行不力,老百姓的嘴巴还是没能糊住。为了重点解决吃的问题,即粮食的问题,张海和他的弟兄们献出了宝贵的生命。一个张海倒下了,千千万万个张海爬起来,无休无止,不消不歇,只要"进口"的事情得不到圆满答案。张海事件,足堪当政者鉴。

张海啊,您战死了,却也"沾史"了,昂首挺胸地写进了中国通史。看吧,您的血没有白流,千秋万代,历史献上的祭品您吃不完。

# 换　　米

*提要：都怪米芾想要丹阳米，才扯出这么多不愉快的事体来。幸亏咱不归北宋的皇帝佬儿管，不然的话，哼哼，后果真是不敢想。*

"丹阳米甚贵，请一航载米百斛来，换玉笔架，如何？早一报，恐他人先。芾顿首。"这是北宋大书法家米芾写给友人的一件尺牍，其实说白了，就是一封信。今天我们要传递这么个事，根本用不着磨墨理纸，又写又封又寄地折腾若干时日，但闻拇指击键窸窣有声，然后叮咚脆响，一条手机短信便"一个筋斗十万八千里"地发送到了目的人。可以负责任地说，倘若米前辈活在当下，纵然再怎么孤僻迂执（有洁癖、着唐装、拜怪石），在群狼似的高科技信息"围剿"之下，书法水准也注定是要大打折扣的。

这件《丹阳帖》（一称《换玉笔架书》），纸本行书，纵23.5厘米，横22.8厘米，乃米芾"翰牍九帖"之六，现藏台北故宫博物院。此桢信札，大小相当于现今一册异型16开书籍的封面。明代以前的书写，都是矮几短笺，书写者要焚香静坐、徐徐拈管、经意为之，与如今毛笔字界的铺张狂躁风气大有不同。近几日，夏雨淅沥，我于寒舍南窗之下，将这《丹阳帖》反复临摹地折腾无休，在饱吸墨香之际，竟也觉米香盈鼻，陶然欲忘饥了。

米芾晚年所居之丹阳（今江苏镇江），是驰名遐迩的"鱼米之乡"。斯地产糯米，色泽红润光洁，乃制酒上品，历代被选为贡品，向有"宫米"之誉。这么好的米，当然要贵，贵而稀的米，勾起了书法家老米的占有欲。单说这老米，可爱天真，见了中意之物，从来都是不管不顾地张嘴就要，必尽掳入怀而后快。并且，得不到就耍赖，甚至以死相逼，真是个可爱至极的人。米芾垂涎丹阳米，便向朋友伸手：来一大船吧，100斛（合1000斗）。我这里有个玉笔架金贵得很哪，送你抵米钱咋样？这等好事，我可是先给你老兄说的，要珍惜哦！识相的，早点把米送来，不然别人抢先了可别怪我！这等狡黠而又霸道的语气，简直要把收信的仁兄噎个半死。

富贵娴雅的文人士大夫之间的交往，是如此令人眼馋。丹阳米的芬香，似乎正丝丝缕缕地自书法家的字里行间溢出，穿越千年时空，沁入我们的心脾。就在我们陶醉于粮食诱人的体香之中的时候，却不知那些垄亩躬耕的农人们，是何等苦痛不堪。史料显示，宋代农民所要承担的赋税有两税（按土地夏秋两季征收）、丁口之赋（人头税、纳钱米不等，故称身丁钱米）、杂变之赋（五代苛捐杂税名目繁多，宋代归总合并征收），此外还有差役及徭役负担等。据统计，赵宋垦田面积逾千万顷，但赋租所不加者十居其七，赋役不均，导致"富者有弥望之田，贫者无卓锥之地；有力者无田可种，有田者无力可耕"。

哥儿几个，别以为现在混得不如意，当古人就一定"爽歪歪"。拿北宋农民来说吧，每年新粮刚刚收获，就要吃糠咽菜，或者举债度日，偿以3倍之利息。司马太师温国文正公（哈哈，就是司马光）曾以白描式的语言说，在俺们宋代，农民是最苦的了。不分寒暑在地里忙活，头顶星星下地，肩扛星星回家，衣不蔽体，泥汗满身。妇女养蚕织布，织出一根根线，一寸寸布，颈椎腰椎没有不突出的。都说苦心人天不负，可水旱灾、霜冻、冰雹、蝗虫却老来骚扰。"幸而收成，则公私之债，交争互夺，谷未离场，帛未下机，已非己有矣。"都怪米芾想要丹阳米，才扯出这么多不愉快的事体来。幸亏咱不归北宋的皇帝佬儿管，不然的话，哼哼，后果真是不敢想。得，还是乖乖闭嘴吧。

# 回　　鹘

提要：不管前世今生，回鹘人都不缺吃的，并且吃得有滋有味，这我们就放心了。

2001年国庆节，我去了乌鲁木齐和吐鲁番。那是头一回进疆，看什么都新鲜。在乌鲁木齐市下了火车，立即到街上找手抓饭吃。一家小饭铺门口的一口大锅里，冒着热气的胡萝卜炒米，便是传说中的新疆手抓饭。事实上它和中原蛋炒饭没啥区别，都是勺子伺候，毕竟，油腻腻地下手抓还是不老美气。问维吾尔族老板它的制作过程，呜啦半天也没能讲清。后来查资料得知，维吾尔语把抓饭叫"波糯"，主料有新鲜羊肉、胡萝卜、洋葱、清油、羊油和大米。

可这种维吾尔族群众眼里的上等佳肴，我勉强扒拉几口便撂下了。那种浓烈的膻味，让同行的一名壮小伙子比我吃得还少。

我俩相视苦笑，摊摊手，赶紧付账走人。

之后几天，又吃了吐鲁番的葡萄干和金黄油亮的馕，总算把手抓饭的胃感勉强装满了。10年过去了，回头想想，总体来说，新疆好吃的还是不少的。

由吃开始，我逐渐关注那个殊饶别味的民族。一些杂七杂八的书本告诉我，今日维吾尔族与裕固族（多居甘肃肃南裕固族自治县）的共同祖先，是回鹘。"回鹘"二字，改称自唐德宗贞元四年（公元788年），之前叫"回纥"。再往前追溯，5世纪时称"铁勒"。若打破砂锅问到底，其族源可上溯到公元前3世纪，游牧于我国北方和西北的贝加尔湖以南、额尔齐斯河和巴尔喀什湖之间的"丁零"人。

如果你凿壁借光般地爱学习，那就不难了解到，"维吾尔"这仨字，含团结、联合之意,历史上曾有"袁纥""韦纥""回纥""回鹘""畏兀儿"等音译。不知道为啥,我个人更偏爱"回鹘""畏兀儿"两种称呼,尤其是前者,充满了某种荒寂孤僻的神秘与兔起鹘落的剽悍。总之,恍若劈面浇来一大瓢凉飕飕的野性之美,透心彻肺的。

先前,维吾尔族曾信仰过萨满教、摩尼教、景教、袄教(拜火教)和佛教,自公元10世纪初起,改信伊斯兰教。至于吃的,维吾尔人以面粉、大米为主,日常食品有馕、奶茶、薄皮包子等。当然,要说最爱,还是羊肉,尤其是烤全羊。逢上节日(古尔邦节、肉孜节、诺鲁孜节等),维吾尔大妈会使出浑身解数,手抓羊肉、火炖羊肉、面肺子、米肠、烤肉、丸子、羊杂碎、烤羊肉串等,应有尽有。此外,还有抓饭、拌面、大盘鸡、烤包子、南瓜包子、藿香包子、帕尔木丁、油馓子、银丝擀面(维语"玉古勒")、哈勒瓦、曲连、烤南瓜、黄萝卜(胡萝卜)酱、巴哈里、千层糕等,看上去、听上去,当真要馋涎欲滴了。

纵便眼前花团锦簇、香气四溢,但我似乎更牵挂千年以前的回鹘人,他们都吃点啥呢?略感遗憾的是,史书对唐代回鹘的记载甚是稀少,《唐会要》言及穆斯林饮食有这样几句话:"日五拜天神,不饮酒取乐……唯食驼马,不食豕肉。"另唐朝僧人释慧琳在《一切经音义》第三十七卷中说:"毕罗、烧饼、胡饼等皆为胡食,盖西域胡人传入。"至宋元,随着农耕定居的推进,许多回鹘文文献中都提到粮食作物的生产与使用情况。这一时期,类如土地、耕种、农作物、庄稼、大麦、小麦、大米、豌豆、芝麻、大麻、棉花、洋葱、蜂蜜、芹菜、葡萄、石榴、杏、胡椒、桃子、甜瓜等有关农业方面的词汇大量涌现。

看来,不管前世今生,回鹘人都不缺吃的,并且吃得有滋有味,这我们就放心了。人是铁,饭是钢,回鹘人千万别亏了自己。

# 青　稞

提要：乍看上去，傲立于青藏高原上的青稞，比朴素而寡言的平原小麦，要浪漫而美丽。

乍看上去，傲立于青藏高原上的青稞，比朴素而寡言的平原小麦，要浪漫而美丽。那细长的芒刺，在蓝天白云与金黄阳光的映染之下，敏锐、妖娆、劲舞、风流。但是，正如同白天不懂夜的黑，小麦也不懂青稞累。在高寒缺氧的藏区，内地人领略了什么是心慌气短、头晕目眩。那么，相对小麦而言，青稞的一生，又需要多么坚韧的毅力与健硕的体魄啊。

我只顾迷醉于青稞曼妙的身姿与性感的长刺，一度忽略了它其实是大麦家族的一员。具体说来，大麦分有稃大麦和裸大麦：前者稃壳与籽粒粘连；后者则两相离分，籽粒裸呈，煞是诱人。这般裸麦，在青藏高原便是青稞，于长江流域（譬如江苏泰州）则被称为元麦、米麦。

据说地球上只有青藏高原适合青稞生长。高寒、无污染、昼夜温差大等特有的地理气候条件，使这种禾本科大麦属的禾谷类作物，比任何一种麦类营养成分更多、医用功效更好。青稞有白青稞、黑青稞、墨绿色青稞等种类，栽培史已逾3000年，主要分布在西藏、青海全境及四川的甘孜州和阿坝州、云南的迪庆、甘肃的甘南等海拔4000米以上的缺氧地带。坊间一个说法是，这些苦寒僻壤之所以常有百岁寿星，与日食青稞不无关系。

青稞到底有哪些好处呢？据《本草拾遗》（简称《拾遗》，一名《陈藏器本草》，唐代药学家陈藏器撰于公元739年）载：青稞，下气宽中、壮精益力、除湿发汗、止泻。而当代科学资料显示，青稞在世界上麦类作物中$\beta$-葡聚糖含量最高，是小麦平均含量的50倍。简单点说吧，这种怪模怪样的"糖"，可有效预防结肠癌、心血管疾病，防治糖尿病，提高机体防御能力，调节生理节律等。

此外，青稞还富含膳食纤维、支链淀粉、微量元素及其他稀有营养成分。

如此看来，青稞简直浑身是宝了。

那咱就甩开腮帮子多吃点吧，给光荣而伟大的青稞捧捧场。咱天天仰脖子盼着青稞快快收获，这可是藏人的主要粮食，可酿酒，做糌粑，还能制成挂面、馒头和营养粉。"你点燃雪笆，我烧起糌粑……"听，豪迈的民歌唱起来了，这是盛大的煨桑（藏族祭天地诸神的仪式，用松柏枝焚起腾腾烟雾）正在进行。藏区家家户户都备有桑炉，每逢藏历新年的大年初一，藏民争相早起，头一件事就是煨桑。在燃起的火堆上添加松枝、柏枝、糌粑等，并献酒洒浆，跪拜叩首，祈福邀祥。说到这里，不禁联想到我们老家石荆陶村，大年初一凌晨四五点便起床（俗称"起五更"），点燃除夕业已备好的"旺火"（圆锥体柴堆），熊熊火焰正预示了新年全家康健旺达。所不同的是，我们不向火堆里扔馒头、泼白酒而已。

神呀，您享用了糌粑和青稞酒，就好好保佑咱青藏高原吧。生活在这片神奇土地上的人们，把炒过的青稞磨成面，用酥油茶拌着吃，或者将青稞与豌豆掺混起来做糌粑。在拉萨的大小饭店里，随时都能吃到喷香的糌粑。我没有去过拉萨，却在1998年春夏之交的石荆陶村写出了长诗《布达拉宫》；我没有吃过糌粑，却在几天前从一个初次进藏的朋友在布达拉宫前拨来的手机里，闻到了青稞特有的性感与香醇。

# 窝　儿

提要：我们毕恭毕敬地叩拜玉米，但同时别忘了，玉米忌和田螺同食，否则会中毒；尽量避免与牡蛎同食，否则会阻碍锌的吸收。

祖父郑文海，小名"窝儿（音）"。"窝儿"这个词在我们石荆陶村，特指一种水煮玉米面饼。老人的名字，是严禁后辈叫的，往高处大处说，这是华夏古风留下来的"避讳"。随口说一例子：康熙爷名玄烨，所以中国书法史上一件著名的正书作品《北魏张玄墓志》，清道光年间（公元1821~1851年）由大书法家何绍基发现其孤本旧拓之后，就只能揪出墓主的字，改称《张黑女墓志》了。

鄙祖虽为乡间老农，大字识不得一箩筐，但在我们家，凡遇"窝儿"饭，必避呼为"小饼"。有趣的是，我家老院子北邻，与吾祖同辈有郑文达者，小名"疙瘩"，本意便是我们常喝的白面疙瘩汤。这种粥类食物，被他们家人易名为"糊涂（玉米面稀饭）"。为了达到避讳目的，自甘降低档次，将白面汤"委屈"为玉米粥。要知道，他们寄身于数十年前，那时村人吃上一顿白面饭，有多么多么难啊。

如果我的记忆够清晰，这种玉米面饼，大概有两种形状，一种平面圆形，另一种则是中空的窝头状。当年无心研究母亲如何躬身操持，如今想来，可能是玉米面掺少许白面，沸水烫搅，再糅捏而成。"窝儿"煮熟后，很有嚼头，但吃多了胃肠沉重，须汤水齐进方可。

祖父生就玉米面的命，空享了个"文海"的渊博名字，事实上他在兄弟四人中最没文化，人家都先后混到了城里，单他面朝黄土背朝天，捏了一辈子土坷垃。我吃了满肚子"窝儿"，一年年长大，反过来长久地思索祖父的命运、玉米的命运。玉米面没有等级之分，只有粗细之别，而我可怜、劳累而又善良的祖父，就合该是那一捧风里来雨里去的粗粮吗？好了，还是少些感伤，休要因物及人。

玉米是世界公认的"黄金作物"，脂肪、磷元素、维生素 $B_2$ 的含量居谷类食物之首。墨西哥人以玉米为主食，甚至国宴上也是一盘盘玉米制品。其中一种薄饼"托尔蒂亚"，类似我们的春饼，香脆可口。在新疆，玉米面饼叫"杂克尔"，是农牧民常吃的一种馕。对劳力者而言，它耐嚼顶饥，与酸奶、羊肉汤、沙枣汤搭配起来，尤为合口。在南疆和田地区，"杂克尔"的做法一反寻常的用开水烫面，而惯用凉水和面，另掺些洋葱条、南瓜条、肥羊肉丁等，倘若在刚出炉时趁热就着核桃仁吃，那才叫个美滋滋的"亚克西"。

在粗粮为主的年代，玉米堪称我们的"食神"，它养活了多少条性命，永远无法统计。玉米的味道，业已渗入我们的骨血体肤，那种淡淡的清香，充满了朴素的诗意。最可强调的是，我们亲爱的玉米面，能预防及抗击多种可怕的疾病。玉米面能降低胆固醇水平，减少动脉硬化发生；所含钙、铁质，可防止高血压、冠心病；所含丰富的谷胱甘肽，是一种抗癌因子，在人体内能与多种外来的化学致癌物质相结合，使其失去毒性，然后通过消化道排出体外；粗磨的玉米面中含有大量赖氨酸，可有效抑制肿瘤生长；含有的微量元素硒，能加速人体内氧化物的分解，抑制恶性肿瘤。如是等等，玉米面的好处真是说不完。

性平、味甘的玉米，益肺宁心、健脾开胃、防癌健脑。对玉米我们都是心怀感激的受益者。吃了玉米的，喝了玉米的，我们是"窝儿"世世代代的敬仰者。我们毕恭毕敬地叩拜玉米，但同时别忘了，玉米忌和田螺同食，否则会中毒；尽量避免与牡蛎同食，否则会阻碍锌的吸收。

# 粮　　票

提要：说起来感觉丢人，我竟然一点收藏粮票的意识都没有，真是白上了粮食学堂。

1991年9月，父亲送我到南阳粮食学校读书。到了遥远而陌生的校园，除缴纳900多元学费外，父亲还随身捎了些粮票，帮我在膳食窗口兑换为学校自制的塑料饭票。那时候起，我才对粮票有了印象。"中华人民共和国粮食部"之下那些仿宋体的"伍市斤""叁市斤"等票面字样，谨饬而又庄严，令我等怯生生的乡村少年不敢随便有揉皱弄脏之举。之后没两年，粮票好像就废止了。想吃啥全靠钱的时代便如洪水猛兽般彻底降临了。

查资料可知，粮票发行于1955年到1993年，比我自觉沧桑的今日年龄还要长两岁。请记住，在中国，有那么整整38年，如果没有粮票，就休想买到粮食。具体情况是，1955年8月25日，国务院全体会议第17次会议通过《市镇粮食定量供应凭证印制暂行办法》，粮票由之呱呱诞生。此后，从化工、机械、煤炭、油、布、肉、蛋、豆腐，到烟、酒、糖、茶，都实行按人发票、凭票供应，中国进入"票证时代"。

商品短缺，只好计划分配，我最初在粮校的专业，便是"计划统计"。实际上，老外很早就玩过"持票待购"。十月革命前的1916年，沙俄政府就发行过鞋票。美国也在二战时期发放过包括粮票在内的各种商品票证。据说直到现在，朝鲜还在凭票供应。但若论票证的种类、数量及地域特色，中国粮票可当"一哥"。想当年，全国2500多个市县，还有一些镇、乡、大企业、厂矿、农场、学校、政府、机关等，都分别发放和使用了各式粮票，那种浩浩荡荡的豪迈感觉，差近于"燕山雪片大如席"的意味。君不见，我们的粮票，票面题材之广泛、花色之多元、印制之精细，简直要产生"满座失声看不及"的效果了。今天,这种不可复制的票证,早已成了收藏界追捧的文物。

和粮票说再见,是始于1993年2月召开的全国两会上,代表委员们第一次不再亮票就餐。同年5月10日,北京市政府正式宣布,自该日起取消粮票。遥想当时,社会主义市场经济的号角吹得正响,似乎一夜之间,粮票便从流通领域跨入收藏领域,实现了华丽转身。

粮票取消后,在局部地区曾有过两次回潮。一是1993年底,市场波动引发全国粮食涨价,群众抢购粮食,人民怨声骤起。危情如此,只好重请粮票出山。

1994年元旦,江苏昆山市率先在全国恢复使用粮票。紧接着,江苏、安徽、辽宁、湖南、四川及河南的局部地区也都纷纷仿效,至该年底,全国已有100多个县市恢复使用粮票。到1995年,恢复使用粮票、粮本、粮卡的地方更多,直到市场粮食价格平稳后才取消。另一次是1996年以后,神州席卷"分流、待岗、下岗"之潮,生活贫困的低收入职工成批涌现。无奈,一些大中城市印制、发放了一种"帮困粮票"。此种粮票由地方财政、民政和粮食部门联合发放,面额固定,按月购买,仅限城镇低保人员使用,如上海市的"绿色粮卡"、北京市的"帮困粮油卡"等。

粮票上的图案可谓五彩缤纷,飞机、轮船、火车、汽车、大桥、拖拉机应有尽有,山西的煤矿、吉林的一汽、内蒙古的草原、新疆的葡萄、黑龙江的石油、上海的外滩、广西的桂林风光等等,让人目不暇接。说起来感觉丢人,我竟然一点收藏粮票的意识都没有,真是白上了粮食学堂。

# 铁　　泪

提要："铁泪碑"，这块不起眼的清末碑刻，记录了灾荒岁月里一段令人肝肠寸断的往事。

铁人之泪，谓之"铁泪"。因何而泪？惨不忍睹！何惨之甚？光绪年间（公元1875～1909年），河南修武县的父老乡亲们，可受了老鼻子罪哟。

2011年初，隆冬酷寒之中，我曾到焦作市博物馆的"石刻艺术苑"，逐次抚读历代碑刻，重点查探中国中古时期的书法艺术。其中一块"铁泪碑"，因为是清末之物，并未引起我的特别注意。如今翻阅馆方所赠资料，才晓得这块不起眼的碑刻，记录了灾荒岁月里一段令人肝肠寸断的往事。

我个人将"铁泪碑"的读后感概括为"悲喜交集"（或"忆苦思甜"）四字。先报喜。该碑原在焦作市朱村乡北朱村，碑阳记述了村民于村庙求雨应验、庄稼得获丰收一事。需要稍作注解的是，该村祖师庙中所塑"北方真武玄天上帝"，乃统理北方、统领所有水族之道教民间神祇，又被称为水神、黑帝。这位老神仙既然主掌水事，旱魃施虐之际，自要恳请他露一手了，于是乎"甘霖普降，枯萎改观，秋获而人庆年丰"。好了，咱们老百姓呀，今儿个真高兴。此碑立于光绪十年（公元1884年）三月下旬谷旦。谷旦，懂吗？吉祥时刻，好日子！笑够了吧，备手帕若干，绕到碑阴来。碑文13行，字字渗血："河南省光绪三年（公元1877年）、四年（公元1878年）凶荒民状，其形最惨，目不忍睹，即铁人见之亦伤心下泪。"碑文说，从清乾隆到咸丰年间（公元1736～1862年），一百多年来，俺们河南虽然旱荒不断，却从未有恁严重的。没雨，没雨，还没雨，这两年间，赤地千里，连青草都难觅。旱年粮价涨，这是铁律。瞧，"小米零卖，5个钱1两；高粱零粜，120钱1升"。这些东西尽管贵，毕竟是正经口粮。恼人的是，"蕨藜卖到120钱1斗，麻饼6个钱1两，榆皮面30钱1斤"，简直连西北风也白喝不得了。

口都糊不住，其他再金贵的玩意也不能算个什么了。什么庄基田产、器具物件，都纷纷贱卖。再就是卖人了，妻女子孙，挑吧您哪，跳楼吐血价。嘿，有哥们动歪念头了，要是抱一摞烧饼，"美眉"还不得排长队跟咱走哇。还真叫这坏小子说中了。据民国版《修武县志》载："制钱千文，可买美女。诸市侩有以一饼馅少妇、及笋女而诱以去者。"大旱无休，二麦歉收，五谷价昂，食及糠秕（每斗价值数百文）。糠秕尽，食蒺藜（每斗亦价值百文）。再就是各村的榆树遭了殃，一律被白花花地扒光。榆皮入腹，大便艰难，龇牙咧嘴之状，比比皆是。早先典卖物品，尚有买家，慢慢就无人问津了。可笑复可怜的是，竟也有贪购在前而后饿死的主儿。

当饥饿突破某个临界点之后，人性就会发生非理性崩塌。路有饿殍之后，吃荆子、楝子的人群中，逐渐出现了食尸者。进一步发展，据修武县五里源乡西板桥村光绪三年（公元1877年）的《荒岁碑》载："自秋徂冬，愈不堪问，有朝见而暮死，有暮见而夕亡；安分者忍饥就饿，抢食者获罪丧生，甚至刮死尸而啖其脑，杀活人而食其肉，酸痛之事概难悉数。"

请记住"光绪三年"这个令人毛骨悚然的年份吧。就在这一年，列夫·托尔斯泰完成了不朽杰作《安娜·卡列尼娜》。但是在豫西北，这般连铁人也要泣不成声的灾荒年景，除了零星的故纸残碑，却至今未见更有分量的录述。"铁泪碑"之所以挺立至今，谁说不是为了凄声呼唤一位饱含良知的笔杆子，在深入访查之后，推出像托老爷子那样的鸿篇呢？也许当这部大著出版那天，铁人会哭得更厉害了。

中国粮油书系第二卷之
水煮粮史（下）

# 第二章

Dierzhang

黄灿灿的小米哦，海涛般澎湃，五岳般巍峨，争先恐后地，先是奔向边防长城沿线供军需，再到内地各郡县作库藏。商人笑了，农人笑了，连尚节俭、饶慈悯的好皇帝刘恒也忍不住扑哧笑了。

# 猿　　人

提要：当时的周口店附近，到处是河流、草原和丛林，野兽众多，啥鸟都有。统计显示，光哺乳动物就有96种。对北京猿人来说，饿了就吃不含任何激素的纯天然野兽肉，肉吃腻了，自有那野果采过来。这正是：荤素搭配，嚼着不累。

"粮食"这个概念，于原始人而言，究竟有哪些具体的对应物呢？这是我一直想弄清楚的一个问题。阶级社会出现之前，在那遥远的原始社会，可以充作食物的，无非是些倒霉的鸟兽以及植物的根、茎、果实罢了。尤其在旧石器时代初期的"猿人"阶段，元谋人、蓝田人、北京人等老前辈们，进化得还不是那么充分，生产能力很低，征服、改造自然的能力很弱，想来没吃上野兽反倒被野兽所吃的机会一定是有的。

元谋人是我国最早的猿人，他们的故乡在滇北金沙江畔的元谋小盆地，海拔约1100米，龙川江流贯其间。于古人类而言，这算是宜居之地了。元谋人大哥的腿，业已从两双变为两条，尽管还是早期类型的直立，但毕竟，他们自豪而庄严地宣布过：从此站起来了！相关考古发现表明，他们用石英岩石打制石器，并有可能尝试过人工用火。也许在一个偶然的场合，一只被捕获的麻雀试图挣扎逃命，被他们气哼哼地放入欢乐的火苗中以示惩罚。没想到，烧熟的麻雀香味扑鼻，把大伙的骨头都陶醉酥了。憨憨的弟兄们呢，今后咱就这么干！

话说1963～1964年，在陕西蓝田，首次发现了蓝田猿人的头部骨化石。他们的脑容量很小，约780毫升，而现代人平均为1400毫升。也就是说，他们两人的智慧顶咱一人。哈，可惜他们没钱，不然老好骗了。与蓝田人化石伴生的动物化石，有剑齿虎、剑齿象、水鹿、丽牛等。依我揣测，他们要吃它们，可能颇费功夫，尤其是面对前两类，分尸而食还差不多，想弄活的，光那白森森长矛似的剑齿，就得先把人忽悠晕。

北京猿人的脑容量已经发展到1075毫升。在北京房山县（今北京市房山区）周口店龙骨山的洞穴中，自1927年起，先后发现的骨化石资料，经鉴别可知，分属40多个男女老幼不同个体。在北京猿人的洞穴里，除了10万多件石器、石片，还发现了大量骨器、木棒及动物化石。此外，木炭、灰烬、烧石、烧骨等用火的痕迹也很多，这表明火已被有意识地控制使用。想来，北京猿人的照明、取暖、预防野兽侵袭、吃熟食等状况，正越来越好。

对此，"政府"很满意，"组织"很放心。

尽管婚姻形态还处于杂交时期、寿命也短，但相对而言，在旧石器时代初期阶段，当一个北京猿人，用我们石荆陶村的方言来说，幸福指数还是"老高老高的"。尤其是那些香酥滑软、叫人牵肠挂肚的熟食啊，不仅利于人体更好地吸收养分，最重要的是，让人从此领略了什么才是真正的"食欲"、什么才是真正的口舌之欢。

当时的周口店附近，到处是河流、草原和丛林，野兽众多，啥鸟都有。统计显示，光哺乳动物就有96种。对北京猿人来说，饿了就吃不含任何激素的纯天然野兽肉，肉吃腻了，自有那野果采过来。这正是：荤素搭配，嚼着不累。

# 仰　韶

提要：仰韶文化，是目前所知黄河流域新石器时代较早的一种文化。大约在公元前5000年到公元前3000年，这一文化风行一时，遍布黄河中上游。

我去过三门峡、陕县（今三门峡市陕州区）和灵宝，但没到过渑池。也许是仰韶村待在那里，看守着仰韶文化，不想让我等浑浊男子轻易打搅吧。当下的社会风气，有钱就可以不要文化，所以请我去我还不一定乐意呢。

仰韶文化，是目前所知黄河流域新石器时代较早的一种文化。大约在公元前5000年到公元前3000年，这一文化风行一时，遍布黄河中上游。具体说来，这类文化覆盖区包括今陕西的关中、山西南部和河南大部分地区，西抵甘肃洮河流域，东达河北中部，北到内蒙古南端，南至汉水上游，遗址一般都在靠近河流的黄土台地上。其中，比较著名的遗址有西安的半坡遗址、临洮的马家窑遗址、陕县的庙底沟遗址、安阳的大司空村遗址等。

1921年，仰韶文化最先在渑池县仰韶村被发现，学者们按惯例将村名"复制"了一下，"粘贴"在文化的额头上。所以，你瞧，这个原本名不见经传的小村，已经嘚瑟了90年。任仰韶村笑得合不拢嘴去吧，咱得关注一下先民们的吃喝问题。据了解，仰韶文化时期的"同志们"虽然过上了定居的农业生活，但是社会阴盛阳衰，母权横行，巾帼当家。从半坡村考古发掘的墓地看，尚无男女合葬现象，而是男女各自群埋，这说明当时已经进展到群婚的高级阶段——族外婚。几个血缘相近的氏族组成胞族，几个胞族组成部落，几个部落组成部落联盟。总之，他们痛定思痛地意识到，族内杂交是大大地不好，肥水还真得流到外人田。

寄身于母系氏族公社时期的仰韶先民们，依然是只能确定母亲身份而确定不了父亲身份的。"一妇N夫"的群婚格局，让大伙儿在劳作之余能够纵情肢体。当时的"锄耕农业"阶段，农业、采拾主要由妇女负责，男人们统统渔猎去了，高级活儿轮不到他们。在好几处遗址中，都发现有粟（小米）的皮壳，西安半坡遗址还有藏粟的窖穴。耐旱的小米适合在黄土地带生长，火辣辣的阳光下，它们被地位崇高的大嫂们，挥舞着长方形的石刀或陶刀，雄赳赳气昂昂地收割着，场面煞是壮观。

除了粟，还有稻，蔬菜也开始被种植了，如白菜、芥菜等，口感都怪美。此外，家畜饲养业也出现了，主要对象是猪和狗。

自打被驯养，野猪、野狗们终于盼来吃了就睡、游手好闲的好日子。彼此碰面，它们大概要彬彬有礼地相互致意。但是，光靠以上这些，显然是不够的。为解除粮草之忧，女当家的经办公会研究后果断决定，采拾蚌、螺蛳之类的水生动物以及栗子、榛子、松子、朴树子之类的野果，这些也是要与年终奖金挂钩的重要工作。至于捕鱼、狩猎，一直以来就是那些男奴们的分内事，干不好夜里是坚决不让上床的。

考古发现，属于这一时期的捕鱼工具有骨制的鱼叉、鱼钩和石网坠等，狩猎工具则有骨镞、石镞、石矛头等。猎手要瞄准的，是那些惊慌失措的斑鹿、獐子、野兔、野鸡等。它们深深知道，一旦被那些吃软饭的男人们逮住了，当晚就要被宰割烹烧，送入那些神秘幽邃的肠胃中去探险。

曾经集体耻笑过那些变种的家畜，在此时此刻，羡慕得眼喷血：老天爷啊，啥时候俺才能也弄到一个被驯养的指标呢？

# 粮　　祖

提要：如果粟是粮祖，那么猪便是当然的畜祖。憨态可掬、可爱而又厚道的"八戒"们，千万年来给了我们多少难忘的美食记忆啊！

日子一天天过去了，"母系氏族公社"的大婶大嫂们，还没过够当家做主的瘾，形势已经悄然发生了逆变。谁动了她们的奶酪？当然是生产力的发展。这般回答不够轻松幽默，但是没办法，史实不容调侃。农业和饲养业的比重越来越大，女人们干不过来，只好板着脸，厉声下令：他爹，扔下你的渔猎营生，来搭把手！

男人本来就是在田里出力的，智商也不差，在农业领域，优势逐渐凸显。于是，妇女逐渐被边缘化。"他爹，饭做好了，洗脚水烧好了，被窝也暖热乎了。"聪明的女人学得很乖，声音也柔和妩媚多了。所谓的"父系氏族公社"，大概就是这样到来的吧。

呵呵，大家千万别被我这些纯属虚构的情节给忽悠了。在母系氏族公社，大伙是群居群婚的，母亲的身份还可确定，但哪有什么一一对应的"他爹"呀。但是，"父系氏族制"或"父权制"建立后，婚姻形态也由对偶婚向一夫一妻制（单偶婚）过渡。世系从父系计算，财产按父系继承。这当儿，氏族公社解体，以家庭为单位并按地域原则结成的农村公社开始出现。

父系氏族公社时期的文化遗址，著名的有龙山文化遗址、大汶口文化遗址、良渚文化遗址等。先说龙山文化，年代约为公元前2800年到前2000年，主要分布于今河南、陕西、山东、河北地区。此外，湖北、江苏、辽宁、甘肃等省，也发现不少相类似的原始遗存。龙山文化农具中的打制石器已很少，磨制石器越来越普遍，不但精致有加，并且种类增多。除了石斧、石铲、石刀（半月形）之外，还有用作收割谷物、可安装木柄的石镰和蚌镰。石斧较前既大又厚，利于砍伐；石铲既薄又平，利于起土；木器中则出现了掘土工具——双齿木耒。这些都是仰韶文化中所没有的。

家畜饲养业的情况也称得上"同比增长，势头强劲"。在龙山文化遗址中，考古发现的猪骨数量明显比仰韶文化时期多。家畜品种方面，除猪、狗之外，牛、羊、鸡、马也开始被驯养了。距今四五千年之前的先人们，或许惊喜万分地形成共识：原来驯养动物的肉，弄熟之后是如此鲜美，打牙祭的感觉，竟然有初恋的味道。纯净的风，吹动龙山先人们长长的毛发；清冽的水，映出先人们吃过烤全羊后饱嗝连天的脸。上古的诗意就这样诞生了。

至于大汶口文化，分布区在今山东及苏北一带。当时人们的经济生活以农耕为主，种植的作物是意料中的粟。现在终于明白，小米堪称我们的"粮祖"。黄灿灿的小米饭哦，在陕北的窑洞里曾经滋养过伟大领袖毛泽东；黏糊糊的小米饭哦，在原始先人们的食管里逶迤蠕动着入胃。算了，朴实的小米听不惯咱们如此嗲声嗲气的抒情。嘘！让不需要广告包装的它们，默默地茁壮成长吧。

在长江下游的苏南和浙江，考古发现不少公元前5000年到公元前2000年时期的新石器时代文化遗址。年代较早的有浙江余姚河姆渡遗址，其次是嘉兴马家浜、上海崧泽等遗址，较晚的是良渚文化遗址。当时种植的主要作物是水稻，家畜则有猪、狗、水牛等。在此，我想强调一点，如果粟是粮祖，那么猪便是当然的畜祖。憨态可掬、可爱而又厚道的"八戒"们，千万年来给了我们多少难忘的美食记忆啊！"家"字里面是猪而不是狗或其他什么，正是那些伟大的造字先人们，对畜祖所作出的绵绵不绝的贡献的最好颁奖词。

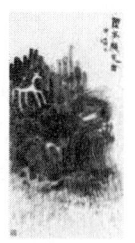

# 小　康

*提要：熬点小米稀饭，嚼着高粱面饼，小日子过得香喷喷的，总比你争我抢的原始大锅饭感觉好一点吧。*

河南偃师是个高古而深邃的地方，每当我坐火车路过那里，都想就地逗留、漫游不去。光一个"商城博物馆"里的汉魏刻石，就令我心醉神迷、啧啧连声，何况还有首阳山，还有二里头。

考古测定，二里头文化的时间，早于商代文化，晚于龙山文化，相当于夏朝时期，分布范围在今山西南部与河南西北部。古书记载，伊水、洛水两岸是"有夏之居"。看来，自嵩山至洛阳这一带，乃夏人活动区域无疑。

夏王朝，距今4000年左右，一个遥远得让人不可能产生"吹气如兰"之类联想的奴隶制国家。咱们伟大的《诗经》说过："殷鉴不远，在夏后之世。"所以，不要怀疑哥，哥真的不是传说，夏朝的存在是"生米煮成熟饭"般的铁定事实。从禹到桀，夏朝共传十四世、十七君，享祚471年。没错，开创者就是那个三过家门而不入的"治水哥"，他姓姒，名文命，禹只是他的号，他爹叫鲧。

话说夏原本是一个部落，亦称夏后氏。禹当领袖后，此部落日益强大，相传曾建都于安邑（今山西夏县西北）和阳翟（今河南禹州）。后来，禹慢慢变老，为了举贤避亲，选了个叫益的接班人。老先生当时有可能是这样想的："哎呀，也管不了犬子满不满意、给不给俺养老送终了，反正，这后生既然名字叫益，那就大概会对部落未来的和谐发展有些益处吧。仁慈的上天啊，保佑俺们这个部落吧，别净出什么腐败的裸官。"哈哈，大禹同志要知道我这么替他写日记，也许会气得复活的。

禹死后，他儿子启纠集一帮势力，杀益而代之，并废除原有的"禅让制",建立了奴隶主统治的国家,大肆推行王位世袭。原始社会"天下为公"的大同之世,就这样被"天下为家"的"小康之世"替换掉了。是否可以这样理解:所谓"小康",就是大伙儿别再傻乎乎地光为集体干了,好好扫扫自家门前雪吧?对于小康的实际含义,且看古书咋说。

西汉礼学家戴德及其侄子戴圣,编了一部有关典章制度的重要古书《礼记》,其中《礼运》篇在讲到氏族公社时期的"大同"时说:"大道之行也,天下为公,选贤与能,讲信修睦。故人不独亲其亲,不独子其子,使老有所终,壮有所用,幼有所长,鳏、寡、孤、独、废、疾者皆有所养,男有分,妇有归。"此篇又描述了阶级社会的"小康":"今大道既隐,天下为家。各亲其亲,各子其子。"原来小康就是让咱老百姓从"社员"变"奴隶"呀。

据古文献记载,农业在夏代经济中已占重要地位。《论语·宪问》云:"禹稷躬稼而有天下。"《论语·泰伯》则说禹"尽力乎沟洫",这说明夏人已懂得在田间开沟引水、排水。至于他们吃些啥,"稷"大概是首选的,也就是粟、黍一类的粮食。

熬点小米稀饭,嚼着高粱面饼,小日子过得香喷喷的,总比你争我抢的原始大锅饭感觉好一点吧。尽管各家在"私田"(学术界一般认为,每户50亩)之外,还必须按照"什税一"的规定,为奴隶制国家或各级奴隶主贵族无偿耕种"公田"。但生活在那个时代,尽一点"小康"的义务,也不能算太委屈。大不了等到夜深人静时,恶狠狠地骂一句:"这5亩公田的收成,只当给奴隶主他妈买药了!"奴隶主听了保不齐哈哈一笑:"兄弟,苍茫岁月,妈是谁,药在哪儿啊?"

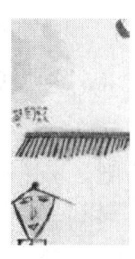

# 藉 臣

提要：锄禾不是白白日当午的，商朝人的粮食有禾、黍、稷、麦、秜（稻）等，尤其前两者，宜于黄河流域生长，得到了广泛种植。

我所栖止的郑州，又称古商城，据说是商朝前期都邑。这座弥漫着中原官话的省会城市，有如长龙或者长蛇一样盘踞着的数条被有司命名为"商城遗址"的黄土岭子，还有杜岭街等处出土的一大堆青铜器皿。我曾经在萧条、光秃而又苍老的土岭子上徘徊，也有过在锈迹斑斑的4条腿青铜大鼎前浩叹：3000多年以前有没有本人的前身呢？如果有，则我宁愿是一棵于荒僻之所隐居一生的树，千万别是一个受尽盘剥的奴隶呀。我连商汤都不愿做，"一哥"的滋味再美咱也不尝，妲己再媚咱也不沾，那石榴裙可不是好钻的。

汤灭夏之后，建立了我国历史上第二个奴隶制王朝——商朝，计传17代、31王，历时约600年。这是个迁都频繁、邑址不常的朝代，拿商汤建都之地来说，就有亳（今河南商丘）、西亳（今河南偃师）的不同版本。而据古书记载，从汤到盘庚，又曾迁都5次。相传为战国时魏国史官所作的编年体史书《竹书纪年》说，仲丁迁于隞（今河南荥阳附近）、河亶甲迁于相（今河南内黄），最终盘庚迁于殷（今河南安阳），"自盘庚徙殷，至纣之灭，二百七十三年，更不徙都"。商朝的大部分首都选择了中原大地，故而，从"土地古厚、时光悠远"这个角度看，身为河南人，的确值得好好骄傲一下。

追究起来，商族原为黄河下游一个历史悠久的部落，其始祖契，曾协助大禹治水立功。《史记》说，契的妈妈叫简狄，不是跟野男人睡觉珠胎暗结，而是某一天，有可能饿得够呛，瞅瞅四下无人，就随便捡了个鸟蛋吃，孰料就此怀孕。

怀孕后，她很害羞，也很吃惊，那时候还没做掉孩子的技术，只好找到一个类似今日派出所的机构报了案。据调查，这是一只玄鸟娥的蛋，说白了就是一只羽毛黑亮的燕子留下的种。《诗经》后来总结道："天命玄鸟，降而生商。"没办法，商族从此只好把燕子当作自己的图腾了。

商代文字有不少刻写在龟甲和牛肩胛骨上，故名甲骨文。商人很迷信，做事之前老想征求一下天地鬼神的意见，甲骨文便是占卜之产物，又称契文、卜辞。我痴迷于这种爽直坚劲的古文字，时常照猫画虎地临习，每次都觉得心手双畅。卜辞多出土于安阳殷墟。根据卜辞上的记载，农业在商代老受重视了，境内农田四布。商王不仅非常关心农事，不断向上帝、祖先及河神等虚无缥缈的人物祈祷好收成，偶尔还亲自下地耕种一下呢。商代专意设置了"小臣、小众人臣、藉臣"等由官僚贵族出任的岗位，借以监督奴隶们进行农作、具体指导田间生产事宜。

锄禾不是白白日当午的，商朝人的粮食有禾、黍、稷、麦、秜（稻）等，尤其前两者，宜于黄河流域生长，得到广泛种植。禾在古代特指粟，就是今天的小米。而黍，去皮后叫黄米，比小米稍大，煮熟后有黏性。此外，奴隶主贵族们嗜酒如命，而黍正是主要的酿酒原料，自然更受器重。除了手扶耒柄、踏耒而耕，挥舞镰铚、收获谷物，商人还饲养牛、马、猪、羊、鸡、犬等家畜。至于兴致来了去打些麋鹿、野猪玩玩，露天吃点烧烤，开个篝火晚会之类的雅活动，则是商王或贵族等"首长们"的特权。"首长们"尽管放心吧，过着牛马不如生活的奴隶们是万不敢有啥非分之想的。

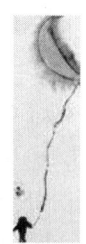

# 后　　稷

提要："社"是土地之神，"稷"是五谷之神。照我理解，中国从来都散发着一种黄土味儿和高粱味儿的混合味儿。

一个叫"姜原"的有夫之妇怀孕了。谁干的？一个大脚印。那天，不晓得有没有柔风吹动秀发，她野游归来，发现湿地上有一只巨大的脚印。好奇之余，她试着将自己如玉之纤足，踏入那充满了雄性诱惑的巨凹，刹那间体内隐秘之处砰然一震，回家后不久竟然发现"有喜"了。

惶惑、羞惭、不知所措，尽管当时还没有亲子鉴定，但她也不敢撒谎。首先是担心将来生下怪物没法交代；再者，她老公姬俊可是个伟人，也就是"三皇五帝"中的高辛氏帝喾（河南商丘人）——华夏民族的共同人文始祖。就这样，在惴惴不安中，"姜原"这个有夫之妇产下了"小杂种"。这个新生儿自然横遭唾弃。奇怪的是，把这小子扔在路边，过往牛马纷纷绕行，野蛮的踩踏事件根本无从发生；将其扔入荒林，却正好碰上一大群伐木者，他又得救了；将其扔到冰冻的河面上，竟有众鸟飞来，集体用羽翼为之取暖。族人终于明白了，这孩子的保护伞是老天爷呢！天命不可违，姜原两口子前嫌尽释，专门为孩子取名"弃"（纪念那不堪回首的抛弃），高高兴兴把孩子养大。结果，这孩子成了周族的始祖"后稷"。

关于后稷诞生的种种，当然只是传说而已，否则那个神秘的大脚印，不知会让后世多少女人想入非非。远古的先人们饶信仰，富崇拜，对大自然充满了敬畏，不像现在的同志们，除了金啥都不拜。我之所以浓墨重彩地谈后稷，是因为他与粮食大有关系。《史记》说，弃善于经营农业，尧曾举其为农官。可以想见，在厚墩墩的黄土高原上，后稷统领周族刀耕火种的身影是何等忙碌。《诗经》说，后稷长于种植，他栽下的稷、黍、麦、豆、瓜、麻等作物，都长得很茂盛。可以肯定的一点是，正因为有了后稷在农桑方面强有力的作为，居住在今陕西渭水中游以北的周族部落，才日渐壮大起来。

在古代，稷这种粮食作物被举为百谷之长，帝王更是将其奉为"谷神"，连国家都以"社稷"代称，可见填饱肚子从来都是最要紧的。"社"是土地之神，"稷"是五谷之神。照我理解，中国从来都散发着一种黄土味儿和高粱味儿的混合味儿。这种味儿很质朴，很本真，很不浪漫，却最踏实长久。跟定一个名字里有粮食作物的男人过一辈子，我认为是女人最大的幸福。比如我的名字，"刚"谐音"缸"，就是装粮食用的器具。

后稷就是一个与粮食发生过无数次关系的男人。司马迁揭过他的老底："弃为儿时，屹如巨人之志。其游戏，好种树麻、菽。及为成人，遂好耕农，相地之宜，宜谷者稼穑焉，民皆法则之。帝尧闻之，举弃为农师，天下得其利，有功。"既然是尧欣赏的人，舜当然乐得送个顺水人情："弃，黎民始饥，尔后稷播时百谷。"弃被封于邰（今陕西武功），号曰后稷，别姓姬氏。

您瞧，4000年前的中国农业师祖后稷，就这样隆重登场了。

# 井 田

提要：在一片土地上纵横画线，将其切分为若干块，看上去像一个个"井"字，这便是所谓的井田。

在一片土地上纵横画线，将其切分为若干块，看上去像一个个"井"字，这便是所谓的井田。井田有公、私之别：公田是指属于领主的土地，私田则指领主分给农奴的份地。分得私田的农奴或野人，必须首先并无偿地为领主耕种公田，然后才能顾及自己的小块份地。这样的农业剥削模式，就叫井田制。

西周，中国历史上第一个封建领主制国家，便曾实行过井田制。从实质上讲，井田制就是劳役地租制。农奴被规定在十月向领主纳禾稼，把黍、稷、禾、麦等最好的粮食连同麻纻悉数交出来。此外，还要用自己的织物"为公子裳"，用自己猎取的狐狸"为公子裘"，赶着自己养大的肥猪"献豜于公"。农奴们出力流汗换来的好东西，都孝敬领主了，自己却一年到头吃糠咽菜。

这般悲催的生活，叫农奴们怎能不发出"无衣无褐，何以卒岁"的哀叹？更可恨的是，领主们一时兴起，往往要打猎取乐。瞧啊，农奴主左牵黄、右擎苍，车辚辚，马萧萧。在春风中舒展着腰身的青苗苗们，就这样眼睁睁地被践踏得四下狼藉。农奴的心在滴血。

古文献有载，周人第一年开种的田称"菑"，第二年耕种的田为"畬"，第三年耕种的田叫"新"。三载后，地力已衰，便被抛荒，数年后再次开垦。在井田中耕作的西周农奴，使用的主要农具有耒、耜、钱、镈、铚等，绝大多数系用石材、兽骨及蚌壳制作而成。其中，双齿的耒和铲状的耜，是最常使唤的。耕田时通常两人合作，习称"耦耕"。《诗经》里有"十千维耦""千耦其耘"的句子，分别指20000人在耕作、2000人在除草，彼时农业之繁炽可窥一斑。

在《诗经》中晃动身影的西周农作物品种颇多，主要有黍、稷、稻、粱、菽、麦等，其中种植最多的是黍、稷。同一种作物中还能细分出不同品种。《诗·生民》有云："诞降嘉种，维秬维秠，维穈维芑。"这里秬、秠即为黍的两个良种，穈、芑则是粟之二良种。再如《诗·周颂·思文》曰："贻我来牟。""来"是小麦，"牟"是大麦；《诗·周颂·丰年》曰："丰年多黍多稌。""稌"乃稻之一种。此外，桑、麻的种植也很普遍。《诗经》中有"蓺麻""沤麻""绩麻"等词，麻常与禾麦并置，桑是养蚕的饲料，蚕丝和麻的纤维都是周人制衣的主要原料。

既然选择了沦为农奴，就尽情地承受剥削吧。有什么办法呢，贫富差距啥时候都存在。你没本事，就只能眼瞅着人家吃香喝辣，自己咽口水。你如果不小心选择了在西周当农奴，就更得接受"瓶罍俱罄"的残酷现实。即便在风调雨顺的年景，也得干看着"千斯仓""万斯箱"的黍稷稻粱而过着饥寒交迫的日子。一旦遭遇天灾，那就等着成群结队地成为饿殍吧。拿自周宣王元年（公元前827年）开始肆虐、直至六年（公元前822年）乃止的一次旱灾来说，那次旱灾旷日持久、焦心灼肺，严重的饥馑导致了"周余黎民，靡有孑遗"的惨剧。

权且斗胆驰骋一下想象：在西周的井田里读《诗经》，是会邂逅一位丁香一样的姑娘呢，还是一个凶神恶煞的旱魃？

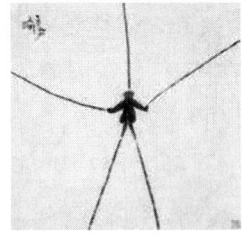

# 采 邑

提要：那种犍牛拉铁犁深度行进的感觉，使肥沃的土地禁不住发出幸福的呻吟声。虫害少了，种子埋得深了，肥也跟得上，禾、麦怎会不吱吱嘎嘎地猛长？

洛阳是个多次"被首都"的城市，它也许并不喜欢成为天子起居的巢穴，但是没办法，谁叫这块地儿好呢。

好闺女被选入宫闱做嫔妃，往往既偶然又必然。洛阳之为京师，道理是一样的。至今每次到洛阳，我还都不安分地东嗅西瞅，妄图在车流市声之中"扒拉"出一抹东周的锈绿或者一瓣汉唐的唇红。这种心思的结果，你知道的，不仅会被灰蒙蒙的空气嘲笑，恐怕连毛主席他老人家亲笔题写报头的《洛阳日报》也要当稀罕事刊登一回的。

距今约2800年前，洛阳叫"洛邑"。话说一个好色成性的男人姬宫湦，也就是周幽王，被宠妃褒姒诱惑得近乎疯狂，终于在骊山脚下丢了江山以及肾功能严重异常的小命儿。西周就这样被折腾没了。

新主子周平王姬宜臼，把首都从镐京（今陕西西安）弄到洛邑，动荡不安的东周算是正式成立了。在历史上，东周被切分为春秋、战国两部分。对于具体切分点的认定，学术界长期看法不一。这里权以平王东迁（公元前770年）始，至周威烈王二十三年（公元前403年）韩、赵、魏三家分晋止，计367年，视作"春秋时期"。

王室衰微，诸侯做大，天子在东周，龙椅坐得十分不稳当。据《左传》记载，春秋时共有140多个诸侯国，其中齐、晋、楚、秦、鲁、郑、宋、卫、陈、蔡、吴、越等，兵强马壮，实力雄厚，根本不把周天子放在眼里。东迁后的周王室，起初还拥有今河南北部、西部及陕西东部一个相当大的区域,后来有些土地或赐给了诸侯,或被秦、虢等国所割去,还有一部分是被野蛮的戎族硬夺走的。天子的地盘,竟然逐渐萎缩为洛邑周边几百里的可怜范围。

天子越当越窝囊,过去的封建从属关系不管用了,中原各诸侯国挨个变脸,不再定期向"老板"述职和纳贡。周天子没权没钱,积贫积弱,尊严立马扫地,不得不求赙、求金、求车。周天子沦落到了向诸侯伸手讨生活的地步。就像白发乱飘、皱纹纵横的爹娘向不孝子女低声下气地索要生活费一样,周王室从"老子"到"孙子"的身份演变历程,不用问,个中滋味是相当难以描述的。

尽管到最后,不争气的周王室已经和一个边缘化的小诸侯国没什么区别,但这丝毫无干社会生产力的大步前行。具体表现是,以土地国有制为基础的农奴制经济日趋解体,代之以土地私有制为基础的地主经济。各国都按宗法关系进行分封,受封地者多为公族出身的卿大夫,受田多少依封建等级高低而定。这些卿大夫各自分领到手的封地,称"采邑"或"食邑"。在采邑内具有生杀予夺之权的是卿大夫,被压榨、剥削的则是庶人或小人。春秋时期,这部分劳力者多数还是农奴。除了种各自的私田,他们还必须为采邑主耕作公田。

重要的是,铁器与牛耕在春秋时期出现并发展起来,为开荒和兴修水利提供了有力工具。就农耕而言,铁器的妙用是以往木、石工具做梦也想不到的。那种犍牛拉铁犁深度行进的感觉,使肥沃的土地禁不住发出幸福的呻吟声。虫害少了,种子埋得深了,肥也跟得上,禾、麦怎会不吱吱嘎嘎地猛长?"稻花香里说丰年,听取蛙声一片。"老辛啊,你填的词里所描述的醉人景象,大概在春秋时期,先人们就领略过了。

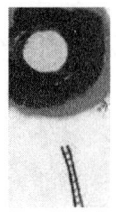

# 剃　氏

提要：有了这些铁家伙，工作效率就大大提高了。垦辟草莱，开荒播种，原先狐狸和豺狼横行的地方，现在成了庄稼撒欢的舞台。

有过"兵荒马乱"生活经历的人，对安定平和的日子往往倍加珍惜。我外婆裴秀清，一位有着"三寸金莲"的老太太，一辈子在豫西北乡间劳作。我儿时常常在外婆家蹭吃蹭住，缠着她讲那久远岁月的故事。据她讲，日本鬼子进村的事是她亲身经历过的。当时男女老幼都必须站在街道两旁，列队接受"查摆"。大伙吓得小脸煞白，胳膊腿儿像软面条，头恨不得藏到裤裆里。尤其是妇女们，拿锅灰可劲儿往脸上擦，衣裳拣脏破的穿，生怕被皇军瞄上了。在外婆的印象中，那时她眼角余光扫过的，尽是些走起路来发出咯噔咯噔响的大皮靴、明晃晃的长刺刀。那阵势所带给人的刺激感受，终生都不可能磨灭掉。

在中国历史上，兵荒马乱的时代还真不少，战国时期便是典型之一。自公元前403年三家分晋到公元前221年秦统一六国，是东周的后半段时间，史称战国时期。事实上，懦弱的东周在公元前249年，即已为秦所灭。洛阳有"王城大道"和"王城公园"，这里的王城，便是战国中期周天子待的地方。经过惨烈的弱肉强食，春秋时期的百多个诸侯国，到战国时只剩下20来个，其中秦、魏、赵、韩、齐、楚、燕比较"牛"，并称"战国七雄"。

中原大地多被七雄瓜分，周、宋、卫、中山等小国，跟着跑龙套勉强分一杯羹。至于这些诸侯国的具体疆域情况，和我们"石荆陶村"扯上关系的，是魏国和韩国。

基本上可以肯定地说，鄙人倘若供职于战国，断然是跑不出如上两国的。开封是魏国首都，当时叫大梁。韩国的都城，起先在禹州，后来迁到新郑。

　　战国时期农耕事业的发展，与铁工具的普及有莫大关系。从考古出土情况看，铁器种类颇多，有犁头、锄、臿、镰、铚等农具，也有斧、锛、凿、刀、锤等手工工具。有了这些铁家伙，工作效率就大大提高了。垦辟草莱，开荒播种，原先狐狸和豺狼横行的地方，现在成了庄稼撒欢的舞台。耕作技术也有了实质性变化，铁器使深耕迅速推行。深耕不仅能提高亩产，还能有效减轻虫、旱灾害，此举受到了被地主剥削着的农奴朋友们的热烈欢迎。对此，《孟子》《韩非子》《吕氏春秋》分别报道说"深耕易耨""耕者且深，耨者熟耘""大草不生，又无螟蜮"。"耨"就是除草，铁犁撅着屁股翻搅土壤，野草们和害虫们一看改革的大潮汹涌澎湃吓得抱头鼠窜。

　　除铁器和牛耕外，施肥也在进步。

　　俗话说：庄稼一枝花，全靠粪当家。《荀子》说："多粪肥田，是农夫众庶之事。"即在强调田肥和谷实之间的关系。战国的粪，主要以水沤草或焚草为灰而成。把地里的野草统统烧了，既除草害，又可肥田，何乐不为？有意思的是，为了显示对粪草工程的强力关注，组织上还专门设有掌管割草人的官吏，称"有薙氏"，简称"薙氏"。薙同剃，但就"杀草"而言，还是前者更形象些。

　　战国的老前辈们，可以说为粮食事业操碎了心。据《周礼》披露，为使作物长势更旺，乡亲们竟然研究出了用兽骨汁浸泡种子的独家秘方。试想啊，先逮一头野兽杀了，剥皮吃肉，再敲骨吸髓，最后熬骨头汤，冷却后泡种子。在此过程中，劳动人民用伟大的阿Q精神，将野兽视作凶残的剥削者，在尽情发泄中既出够了气，又美美地改善了生活，还圆满完成了剥削者交办的泡种工作。真是一石数鸟，聪明！

# 李　悝

提要：在"姬斯思想、李悝理论"的指导与鼓舞之下，魏国的朋友们埋头桑麻，不理炕事，使农产品的产量比过去有了显著提高。

"李悝"谐音"理亏"，无非是叫着好玩罢了。咱国人喜欢相互取绰号寻开心，何况"悝"字本身就有"嘲笑、诙谐"的意思，李悝老兄别太在意哦。现实中的李悝不仅一点儿不"理亏"，还大张旗鼓地很有些作为哩。老李出生于公元前455年，活了60岁，在他那个时代，算是高寿了。公元前400年左右，李悝时任魏国魏文侯之相，掀起了战国时期最早的一次改革。

魏文侯名叫姬斯。呵呵，姬斯也容易吃谐音的亏，被误解为麻辣"鸡丝"。身为魏国"一哥"的他，尽管不是"鸡的粉丝"，但治国手段还的确不乏"麻辣"。比如他礼贤下士，师事儒门弟子子夏、田子方、段干木等，还放手任用李悝、吴起、西门豹等人，让他们大胆变法，此足见其心胸与眼力。这使我们愈加坚信：没有好领导，就没有好单位；若是打击好领导，便是打击好单位。

李悝的政治改革，在战国诸国中开风气之先。其内容之一，是削弱"世卿世禄"制度，即主张严明奖罚政策，打破铁饭碗，把俸禄给予真正有功劳者，而不是养着那些既无功于国家又过着奢侈腐朽生活的世袭贵族们。

按理说，这样的改革可不是好弄的，惹恼了那些根深蒂固的既得利益者，不定啥时候就会被拍黑砖的。好在李悝有姬斯力挺，不但从未麻烦过治疗跌打损伤方面的医生，反倒使新政一路畅行。如此看来，这小子也真够幸运的。

特别需要指出的是，著名的政治家、思想家李悝，对"粮食事业"也貌似有些想法。他认为："籴甚贵伤民，甚贱伤农。民伤则离散，农伤则国贫。"籴就是买米,米贵了,买者不高兴;贱了,卖者不美气。总之是难伺候。怎么办呢,李悝毅然牺牲了自己的节假日时间,点灯熬油地写了篇《尽地力之效》的汇报材料,呈给姬斯,提出"尽地力"和"善平籴"两项政策。

所谓"尽地力",就是设法让农民"治田勤谨"。他掐着指头,苦口婆心地为农民朋友算了一笔账:"乡亲们呢,俗话说'人勤地不懒',你们好好干活,每亩地就能多收3升,如果光顾搂着老婆睡炕炕,就会少收3升。依此类推,咱这方圆百十里地的收成,小米的丰歉弹性,就是百八十万石哦。那么,请允许我代表政府弱弱地问一句,你们今后到底还偷懒不偷懒了呢?"

至于"善平籴",依李悝的意思,就是国家设"常平仓"以平抑粮价。具体做法是:在丰年时向农民多征粮食储备起来,供荒年调剂之用。这样农民便不致因饥馑而破产、流散。如此既缓和了阶级矛盾,又保证了封建国家不失去大量劳动人手。您瞧,李悝多会替国家着想。怪不得姬斯用了他,魏国很快就成了战国前期最强大的国家。

在"姬斯思想、李悝理论"的指导与鼓舞之下,魏国的朋友们埋头桑麻,不理炕事,使农产品的产量比过去有了显著提高。据李悝估算,魏国100亩田平常年景能收小米150石(10斗为1石),若遇大丰收可增至300石到600石。不用想,这个振奋人心的消息,在魏国的"新闻联播"里,肯定是要紧跟在"姬斯出访"等重大时政要闻之后被隆重推出的了。

# 商　　鞅

提要：商鞅变法先后分两次进行，方方面面的内容很多，我们只拣与"粮食"有关的说。

商鞅本名公孙鞅，因为是卫国人，又称卫鞅，曾在魏国相国公叔痤手下干，谋了个"中庶子"的职务。公叔痤的胸怀有那么一点儿不宽广，早就发现公孙鞅是个好苗子，却因为担心将来自己的位置受威胁，所以直到临终前才向魏惠王举荐商鞅继任相国，魏惠王对此未置可否。公叔痤死后，商鞅空有一身本领，却长期不被重用，心情不是很爽。这时候，公孙鞅听说秦国求贤若渴，正四处招聘人才，就一跺脚跳槽走了。后来公孙鞅在秦国混成了"牛人"，魏惠王只留下后悔的份了。

战国时候的卫国，就在今河南鹤壁、新乡一带，首都朝歌，在今淇县。

当时魏国都城在大梁，秦国则以栎阳（今西安市阎良区武屯镇官庄村与古城屯村之间）为都。也就是说，商鞅先从豫北跑到豫东，再长途跋涉到西安，几经辗转，才算受到赏识，得成变法大业，最终却因为改革触犯了贵族利益，遭车裂而亡。由此可见，一个人的成功是多么不易，而成功了也不见得就有啥好下场，"木秀于林，风必摧之"嘛。

却说商鞅到栎阳后，通过一个叫景监的宠臣，先后4次拜见秦国国君秦孝公渠梁，提出"帝道、王道、霸道及强国之道"4种君主之策，作了一番鞭辟入里的应聘演讲，"说孝公变法修刑，内务耕嫁，外劝战死之赏罚"，遂尔备受青睐。后因率军东伐破魏、收复河西之地有功，被分封于商邑（今陕西商洛市丹凤县），自兹"商鞅"之名才算正式出炉并大行于世。公元前359年，渠梁任命商鞅为左庶长，"卒定变法之令"，让他只管放手去干。

商鞅变法先后分两次进行，方方面面的内容很多，我们只拣与"粮食"

有关的说。第一次变法中提出"重农抑商"的政策,指出凡是努力耕织、生产多的人家,一律免除徭役;凡从事商业活动及因怠惰而贫穷的,全家一并罚为官奴婢。公元前350年,秦从栎阳迁都咸阳后,开始推行第二次变法。其中的内容有"废井田,开阡陌",大力推行土地私有制度,并准许土地买卖。

有秦孝公支持,商鞅得以在秦国掌权19年,基本上废除了以井田制为基础的封建领主所有制,确立了以私有制为基础的地主土地所有制。土地是咱的,老子想种就种,想卖就卖,想捐就捐,想荒着就荒着,想承包就承包,想种小米种小米,想种高粱种高粱,谁也管不着。在近2500年前的当时,毫无疑问,这是一种了不起的变革。农民朋友的生产积极性,肯定比在封建领主制时期高得多。

公元前338年,秦孝公死了,秦惠王继位。新君名叫"驷",这个字的意思是四匹气势汹汹的马。这是否说明,商鞅后来被车裂于此人之手乃冥冥中早有安排?有些事真的说不清楚。史实是,耳根子软的秦惠王,听信公子虔等人诬告,以"谋反"之罪名,将为秦国立下赫赫奇功的商鞅,五马分尸了。

商鞅的头颅和四肢,被分别绑定在5辆车上,套上5匹马,玩命地朝5个方向拉。不晓得那是不是一个凄风冷雨的日子,人体被硬生生地撕裂时,或许发出了一张厚纸被扯碎时的"刺刺"之声,喷涌的鲜血霎时雪浪般弥漫了好大一片土地。

# 坑 农

> 提要：当农民当到了"深耕熟耰，辨土施肥，注意农时，疏密得宜"的程度，依然过得食不果腹、朝不保夕，那就只好抱定"头掉了碗大个疤"的坚强信念，华丽转身，成为后世施耐庵笔下的一百单八将不朽的道上先祖了。

纸上谈兵的赵括，是战国时期赵国的将领，代替廉颇担任赵军主帅，在长平（今山西高平西北）之战中，遭遇秦将白起，不仅40万将士悉被坑杀，连自己也送了小命。熟读兵书、夸夸其谈的赵括，大概是变为厉鬼也不会放过白起的。因为在此之前，赵老兄过着基本上是要啥有啥的香美日子。比方说，他曾把赵王赏赐的金帛捏在手中，瞅见可心的田宅便即解囊购回。如此积累下来，房价高得再离谱，他也依然是毫不惊慌地呷一口小酒，瞟两眼貌美女子。

新兴地主阶级，在战国时期的近200年中，逐渐发展起来。随着井田制的崩溃，土地买卖之风日盛，赵括只是其中之一。在秦国，土地私有制使贫富差距迅速拉大，"庶人之富者累巨万，而贫者或不厌糟糠""富者田连阡陌，贫者无立锥之地"。地主阶级在取得大量土地的同时，也获得了政治统治权。当时的大商人多与大官僚、贵族相互勾结。拿吕不韦来说，他本为卫国濮阳（今河南濮阳）人，后于韩国阳翟（今河南禹州）经商发迹，因"贩贱卖贵"而"家累千金"，野心勃勃，勇猛精进，竟然做到了秦国丞相，还组织门客编写了著名的《吕氏春秋》。

与地主阶层的豪富奢靡形成鲜明对比的是农民"冻馁羸瘠"的惨淡光景。魏国的李悝是个有心人，他就农民的收支年账，噼里啪啦地算了起来：以五口之家的小农为例吧，种田100亩，年收粟150石，按1/10的比率纳税

15石，全家口粮90石，剩下45石卖掉可得1350钱，而全家衣着、祭祀两项支出就得1800钱，不仅无丁点结余，反倒欠下450钱的账，就这还没算上疾病、丧葬费用、其余的苛捐杂税以及不得不面对的沉重的力役负担。可怜见的，你说这日子该咋过！自耕农之外，还有佃农。与领主制时期相比，当时的租佃关系已不再依靠政治上的强制，而主要是一种经济关系。地租以实物为主，约为亩产量之半。此外，雇佣劳动亦有发展，主要是地主和富裕农民雇用贫苦农民从事田间劳作。主佣之间，比较赤裸裸地相互利用、各取所需。说白了就是，你给我深耕细种，我就让你吃饱饭、有钱花；反过来，你让俺吃、喝、穿外加工资卡一条龙，俺就给你黑汗白流地卖力干。这种关系尽管不够温情，但毕竟还算直接，比剥削了人还死不认账要强。

　　事实上，不论自耕农还是佃农，终归是底层被压榨者，日子不说比黄连还苦，但也绝对好过不到哪儿去。对此，《孟子》有云："乐岁终身苦，凶年不免于死亡。"在饥岁荒景，老弱冻饿而死，青壮流散四方，或者在彻底破产后沦为奴隶。真被逼急了，一不做二不休，一帮子弟兄啸聚山林，劫劫道，挖挖坟，耍枪弄棒杀杀人，成为武装暴动、农民起义的"菜鸟版"也不是不可能的。当农民当到了"深耕熟耨，辨土施肥，注意农时，疏密得宜"的程度，依然过得食不果腹、朝不保夕，那就只好抱定"头掉了碗大个疤"的坚强信念，华丽转身，成为后世施耐庵笔下的一百单八将不朽的道上先祖了。

# 嬴　　政

提要：有粮吃不到嘴里的感觉，实在是太差了。自公元前210年起，秦二世继位后，盘剥更甚，民怨沸腾。终于，一个阴雨连绵的秋日，在泥泞的大泽乡（今安徽宿州市），陈胜和吴广被迫发出了压抑已久的呐喊。

"皇帝"这个词儿，是嬴政制造并首先使用的，那年他39岁。这个词的作者很明确，不像现今的"给力""吐槽"等网络词汇，一大片熙熙攘攘，却闹不清到底谁是作者。

却说嬴政13岁便在秦国继王位了。公元前221年，他横扫六国，一统天下，建立了一个以咸阳为首都的大帝国。39岁，吾等连副村长啥滋味还都没尝过，人家却在为怎样才能更牛地称孤道寡而弱弱地发愁，人跟人咋比呢！这当儿，丞相王绾和廷尉李斯，拿捏着某种微微巴结的笑容说："古有天皇、地皇和泰皇，其中后者尤为高贵，您看……"嬴政摆摆手："都说三皇五帝最厉害，老子干脆把他们综合一下，弄个'皇帝'当当！"当了中国历史上头一个皇帝后，秦始皇还不过瘾，又指定"朕"字只能供他自称使用。这个字在先秦，本是再普通不过的第一人称代词，被芸芸众生叫得热乎乎的，现在倒好，成了嬴政的专利。并且从此之后，一直到逊帝溥仪为止的漫漫2000多年间，该字再没松绑过。依我看，这是个受了宫刑的汉字，乃字中之阉。唉，可怜呢。

专制主义的中央集权的政治制度，是秦王朝的主要特色。皇帝拥有至高无上的权力，中央机构实行"三公九卿制"，地方上全面推行郡县制，这些咱就不啰唆了。总之，都是地主阶级用来统治、镇压广大劳动人民的工具。秦始皇尽管是个大英雄，但他的奢靡、野蛮、残暴，也是骇人听闻的。譬如小可这等爬格子为生的所谓文化人，倘若谋食于大秦帝国，恐怕与咸阳460多个儒生一样,难逃被"坑"之命运。

在秦朝当个农民,大概要"常衣牛马之衣,而食犬彘之食",过着猪狗不如的日子。客观地说,立国之初,秦始皇也曾真心想赶紧建成小康社会,让老百姓幸福起来,但他很快被膨胀的个人私欲所裹挟,大兴土木,狂造宫殿,将繁重的徭役劈头盖脸地压向民间。拿修建阿房宫和骊山墓来说,所征发人力竟达70余万。据统计,当时全国总人口约2000万,每年都要有200多万的男人被抓去服役。男不足,女来补,任你怎么哭天抹泪也没用。大片的良田眼睁睁地看着被抛荒了,饿肚子的麻雀们的叫声,也许都充满了忧郁。

与徭役同样猛于虎的是赋税。秦朝地租原定为十税一,后来却剧增到占农民全年收入的2/3以上。这样下去是要乱套的,秦始皇却不管不顾。他"使黔首自实田",把土地私有制推行全国,正式承认封建地主的土地所有权。尽管以历史眼光看,这不失为一种进步,但也为地主阶级合法占有大量土地、贪婪剥夺农民土地,提供了保护伞。农民永远是胳膊拧不过大腿,乖乖地送上自家赖以养命的那点儿田亩,再以"见税十五"的苛刻条件耕种豪民之田。如是境况,往往男耕女织辛苦一年,好容易菽粟有些收成,却不得不在苛律酷刑之下,无奈地献出来,去养活官吏、军队甚至一帮狗马禽兽。

有粮吃不到嘴里的感觉,实在是太差了。自公元前210年起,秦二世继位后,盘剥更甚,民怨沸腾。终于,一个阴雨连绵的秋日,在泥泞的大泽乡(今安徽宿州市),陈胜和吴广被迫发出了压抑已久的呐喊。中国历史上第一次农民大起义—泄如注地爆发了。

# 水　　德

提要：水原本是温柔的，种粮食原本是自己吃的。谁能知道，在秦始皇的统治下，这一切都变得面目全非了。

提出"童心说"的明代文学家李贽，曾将秦始皇称为"千古一帝"。能够统一中国，秦始皇确实称得上伟人、大丈夫。但凡事都有两面性，这个叱咤风云的人物，自有其脆弱与糊涂的一面。

脆弱的表现是残暴，糊涂则表现为迷信。凡是脾气不好的人，内心大抵都是脆弱的。自信者通常表现为淡定。而迷信，则更是自私与惶恐心态的泄露。

家长制作风；严刑峻法，极尽压榨之能事；发起过"焚书坑儒"的大活动；盲信道教，派人跋山涉海求长生不老之药；采用阴阳家的"终始五德说"；等等。这些都是秦始皇真实的另一面。我充分理解这个开先河的皇帝，任何披荆斩棘者的内心，其实都不乏酸苦。往往表面的强硬，都需要私下"无助"的支撑。

说到这里，你应该能够理解为何爱江山者更爱美人：也许只有在温香暖玉的缱绻之中，那些钩心斗角、脸厚心黑、兵戎相见、马蹄声碎的残忍与憔悴，才能够得到抚慰与消解。从这种意义上说，女人，尤其是美女，堪为男人绝佳的灵魂麻醉药。

人生需要麻醉，但不能沉溺过深。

也许是大国甫立，唯恐根底不牢有所闪失，故而急政暴虐，招致内心压力山大、积郁累累，此必须借助于变本加厉的麻醉去化解。于是，秦始皇向"终始五德说"大踏步靠拢了。这种说法，原系战国时期阴阳家邹衍所主张，其中"五德"指五行土、木、金、火、水所代表的5种德性，"终始"

指周而复始、循环无尽。邹衍以此解释史事更迭、王朝兴替，认为虞、夏、殷、周的历史过渡，恰与土、木、金、火相对应，接下来，千秋万世，必将还要以"始于土、终于水、徙于土"的运行规律循环往复。而在木胜土、金胜木、火胜金、水胜火的每一个具体发展阶段，都存在着阴阳两种势力的矛盾与斗争。阴阳交争，历史之权杖属于胜者。无论哪个帝王，龙椅就屁股之前，老天爷必定会提前显灵降瑞，有所暗示。而对于那些无德之君，江山崩盘之际，也会收到预示灾祸的上天符号。

邹衍老先生的本意，也许是想吓唬一下那些当权者，让他们讲点仁义道德，别肉山酒海、暴淫无度，否则要遭报应的。谁知道，他的这种不太符合唯物主义的学说，竟然正中自秦始皇开始直至宋辽金千余年间封建皇帝们的下怀，被予以大力鼓吹、推广。一个例子是，后来所谓的"奉天承运皇帝"，承的就是邹衍学说的"德"运。

秦始皇对"终始五德说"的学习领会，那是相当深入。既然虞、夏、殷、周分别对应的是土、木、金、火，那堂堂大秦帝国当然对应的就是水了。秦得水德，水色为黑，今后黑色便是咱秦国最尊贵的颜色。依我瞎猜，当时若有人生个黑孩，反倒众人羡慕，肤色胆敢白皙，就有沦为弃婴的可能。

却说始皇帝规定，既然黑色是我们的国色，那么，什么礼服、旌旗啊，统统得弄成黑色；与水德相应的数字是六，那没啥好商量的，兵符、官帽一律高六寸，甚至连两个车轱辘之间的宽度，也必须是六尺，错一点都不行；水德主刑杀，所以百姓们啊，对你们凶一点别埋怨，这都是上天的意思；与水德相应，历法以亥月（即十月）为岁首；等等。

天下苍生，就这样被黑不溜秋的水德给严严实实地笼罩了。水原本是温柔的，种粮食原本是自己吃的。谁能知道，在秦始皇的统治下，这一切都变得面目全非了。

# 黄　老

提要：这般改革下来，人返回来了，地也种上了，粮食粒儿又欢快地奔涌开了，谁不说咱西汉美，感谢领袖刘邦。

黄帝和老子合称为"黄老"，是滥觞于先秦战国中期的一种哲学、政治思想流派，习称"黄老学说"或"黄老学派"。其发展到西汉，很是流行。国人惯于拉大旗，作虎皮，此学派便是一个显见例证。此学派人厚着脸皮，硬将人文始祖轩辕氏和春秋末期道家学派的老聃奉为创始人，这和眼下动辄掏出与官员或名流的合影照忽悠那么两下是一个道理。实际上，黄老学说不过是假托黄帝名义，把法家学说与道家思想简单搅拌一下，再掺入些阴阳家、儒家、墨家等观点而已。这就像做了一锅意识形态领域的粉浆面条或东北炖菜，原料很平常，做法很老套，要想卖个好价钱，全靠三寸不烂之舌了。

黄老学说的主打理念是"无为而治"。什么"以柔克刚，以静制动，以退为进，以守为攻"等，说白了就是别那么吹胡子瞪眼地逞强耍凶，装也要装得和蔼一点，挤也要挤出微笑一丝。大秦帝国为啥那么短命，就是当皇帝的太残暴了；西楚霸王为啥会败，也是过于刚猛了些。这些道理刘邦都懂，所以他夺得江山，就赶紧换了张亲民的面孔。他让政治家、思想家，也就是御用"喉舌"陆贾，深刻总结了秦失天下的原因："事逾烦，天下逾乱；法逾滋，而奸逾炽；兵马益设，而敌人逾多。秦非不欲为治，然失之者乃举措暴众，而用刑太极故也。"刘邦的厉害就在这里，自己想说啥，却偏借他人之口。他让陆贾著文反思前朝之失，目的是要标榜天下：放心吧同志们，俺老刘是绝不会向暴君学习的，你们好好服从俺，咱好日子长着哩！他怂恿陆贾放声吆喝，主张不"极武"，不"用刑太极"，而要"文武并用",行"长久之术""无为而治"。瞅瞅,刘邦这七拐八绕的,终于和黄老思想挂上钩了。我从来都相信,政治才华是教不来的,全靠天赋异禀。

轰轰烈烈的农民起义推翻了狞厉的秦王朝,慷慨悲壮的楚汉之争成就了厚黑的刘邦,留给西汉的,却是一个不折不扣的烂摊子——经济凋敝,四下狼藉。所谓"兴,百姓苦;亡,百姓苦",真是万世不刊之论。兵燹战乱的单子,最终还得由挣扎在底层的农民们买。

他们背井离乡,流离失所,有田不得耕,有家不能回,甚至含泪售妻鬻子,或者自卖为奴。可恨的是,一部分投机商人,趁百业萧条之机,囤积居奇,致物价飞涨:1石大米竟然价值万钱,一匹马卖到100金(100万钱)。情势如此不堪,再不休养生息,怕是他老刘家也得跟着挨饿喽。

刘邦的办法是"轻徭,薄赋,缓刑"和"重农抑商"。对复员军人、士卒,一律分田分房、减免徭役、加官晋爵。战争结束了,劝士兵解甲归农;号召因战乱流亡的人回乡,有官的复官,有田的还田;对迫于生计而自卖为奴的人,一律恢复为正常老百姓,哎呀,妈呀,这下好了,今后改叫"主子"为"同志"了;加倍征收商人算赋(每人两算,即240钱),商人世代不准当官,不准拥有私家土地,不准穿绫罗绸缎等好衣裳,不准骑好马坐好车、携带兵器;减轻田租,由"十税一"变为"十五税一";让丞相萧何制定比秦法宽松得多的"九章律",替代临时颁行的"约法三章"。

这般改革下来,人返回来了,地也种上了,粮食粒儿又欢快地奔涌开了,谁不说咱西汉美,感谢领袖刘邦。

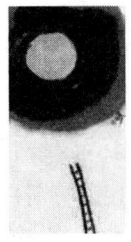

# 文　景

提要：于是，黄灿灿的小米哦，海涛般澎湃，五岳般巍峨，争先恐后地先是奔向边防长城沿线供军需，再到内地各郡县做库藏。商人笑了，农人笑了，连尚节俭、饶慈悯的好皇帝刘恒，也忍不住扑哧笑了。

"文景之治"谁都知道是个好的治世。在西汉初，文帝刘恒和景帝刘启，继续弘扬"黄老"重要思想，坚定不移地"与民休息"，对刘邦的政策作了进一步改良，效果真的不错。让天下苍生过上好日子才是硬道理。梳理史事不难发现：你当皇帝的，给了百姓实惠，百姓回赠你一个好名声；你若光唱空头高调不捞稠的，那对不起，百姓们不仅挨个骂你八辈祖宗，还叫你昏君尝尝亡国的滋味。

据说文帝很重视农业，很爱护农民。他大发慈悲，将丁男徭役减为"三年而一事"，也就是3年仅需服役1个月，真叫人喜不禁禁啊，要知道原来年龄在15至56岁的丁男，可是要每年服役1个月的；算赋也由每人每年120钱减为40钱。尤其令人称道的是，文帝还曾在公元前167年下诏全免田租，这力度可够大的。后来文帝发现，田租一点儿不收，长此以往不是个事儿，但又不太好意思改口，只好硬挺着。憋到11年后的公元前156年，景帝一继位，马上恢复收取原来一半的田租，即三十税一，要说这也很够意思了，后来此税率沿袭至西汉末年。

长期减免田租徭赋，当然对农业、农村、农民有巨大的激励作用，尽管对地主老财也是好处多多。人口在好年景成倍递增，农业发展也大大降低了粮价。文帝初年每石粟不过十余钱，混个肚圆不是啥难事了。此外，文帝还变"抑商"为"宽商"，取消了在关口津梁处检查来往行人的制度和禁止在山林川泽樵采、捕捞的禁令，使商人们可以自由贩运，任意开山伐木。皇帝待咱们太亲了，商人们纷纷说，虽然仍然不让咱当官，但生意兴隆、腰缠万贯的感觉也一样很爽啊。

农业、商业、手工业，你不让我，我不让你，都铆足了劲赶趟儿。形势是一片大好，但新问题也蹦出来了。大商人膨胀得不行，开始故技重演：坐列贩卖，囤积居奇，操纵物价，放高利贷，对才吮咂了几口好政策乳汁的农民进行盘剥侵蚀，致其妻离子散、破产流亡。这不是使农民一夜回到解放前吗？皇帝皱起了郁闷的眉头。看来还得给商人们戴上紧箍咒啊，一个听上去似乎很有主见的声音响了起来——政论家晁错献出了"入粟拜爵"的建议。

晁错是颍川（今河南禹州）人，文才出众，巧思多谋，文帝时有"智囊"之誉。

可惜其人性情刚直，不懂得君子藏器，树敌太多，又遇到个不仗义的景帝刘启，竟然在盛年46岁被腰斩于西安东市，下场和商鞅一样凄惨。可怜见的，难道晁错的出现，原本就是一种错？看来，才华有时候也是一剂毒药。

所谓"入粟拜爵"，就是国家公开向商人卖官，并且申明不收现金，只要小米。商人的小米从哪里来呢？当然是向农民买啦。如此，粮价自然升高，谷贱伤农的状况自然得到改观，国库里的粮食也将猛增。如此富人得官，穷人得钱，国家得粮，真是一举三得的好主意。公元前168年，汉文帝正式签发买官令：上造（二级爵），价600石；五大夫（九级爵），价4000石；大庶长（十八级爵），价12000石。

于是，黄灿灿的小米哦，海涛般澎湃，五岳般巍峨，争先恐后地先是奔向边防长城沿线供军需，再到内地各郡县做库藏。商人笑了，农人笑了，连尚节俭、饶慈悯的好皇帝刘恒，也忍不住扑哧笑了。

# 牡 子

**提要**：领导想捧谁，没有不奏效的。让我佩服的是，刘彻不仅是个经略天下的政治家，还是个不错的诗人。

汉武帝刘彻称得上一代雄主，他独尊儒术，开拓疆土，首创年号，打通丝路，干了不少大事。董仲舒、卫青、霍去病、张骞等人，都是在他手下成名的。领导想捧谁，没有不奏效的。让我佩服的是，刘彻不仅是个经略天下的政治家，还是个不错的诗人。一首《秋风辞》，我读了十多年，越读越觉得滋味万千。鲁迅评价这首诗"缠绵流丽，虽词人不能过也"，李贺一句"茂陵刘郎秋风客"，都道尽了刘陛下之才子风流。

能兼政治家与文学家于一身者，除了刘彻，曹操也算一个。南唐后主与宋徽宗在政治上太过弱智，只得剔除出去。一个男人，一边南征北战，一边抽空写诗，似乎显得滑稽，其实这是对憔悴身心的某种"按摩"。人心本柔弱，但有时候需要装得刚强，这就是骁将与泼妇诞生的真实背景。

刘彻当然懂得，不能花太多时间沉迷于自己的"柏梁体"七言诗，第一要务是打打杀杀地做个好皇帝，否则有可能写不到很多很多年后一首名为《沁园春·雪》的词中去。农业和土地方面的工作是一定要重视的，百姓一旦填不饱肚子，就会萌生起义的念头，殷鉴未远，不可不慎。

在文景之治的基础上，刘彻更加努力，天下一派繁盛景象。据《史记·平准书》记载："京师之钱累巨万，贯朽而不可校。太仓之粟陈陈相因，充溢露积于外，至腐败不可食。"瞧瞧，国库中积钱如山，咋花都不见少，愁死人了。天长日久，串钱的绳子都熬不住了，纷纷衰朽断掉，散落的钱币数都数不清；粮库中的粮食更是积压到容纳不了，只好露天存放，眼睁睁看着谷子变质发霉。

和秦朝一样，西汉推行的也是土地私有制，绝大部分田产属于地主和小土地私有者。他们得向国家缴税，税率为亩产量的1/15或1/30。如您所料，地主是不爱干活的，他们把地租给佃农，收取约占亩产量之半的实物地租——够狠。西汉中期之后，豪强大地主越来越多，他们依靠政治或经济力量"武断于乡曲"，肆无忌惮地对贫苦农民进行奴役。渐渐地，佃农连基本的人身自由都丧失了。

不管生产关系如何不尽人意，生产技术却在不断进步。在西汉，铁农具使用相当普遍。"铁器，民之大用也。"没有铲、锄、镰、铧这些铁家伙，很多事情搞不定。

此外，马耕和牛耕在中原也颇常见，具体耕法有二牛三人、二牛一人等。

汉文帝之后，养马的人多起来，至汉武帝即位后，更是达到了"众庶街巷有马，阡陌之间成群"的程度。牛哞马嘶，多么热烘烘的喜人景象啊，连它们的粪便都是好东西。史书说，想当初，刘邦和惠帝时，遥远的岭南地区，就不断从中原购进铁器和马、牛。到吕后当家后，这女人下令，不准再给蛮夷之地输送咱的马、牛、羊了，真要给，也只能给公的，决不能给母。她的原话是"即予，予牡，毋予牝"，叫岭南人看不到牲口下崽儿。

工于心计的刘邦媳妇儿的弄法，招致南越王赵佗大为光火。但他再恼怒也没用，就像公牛再使劲也下不出犊子一样。

# 赵 过

**提要**：赵过的代田法，由于效果不错，在汉武帝时期被作为典型在全国推广，连边远诸郡都争相施行。

赵过是西汉时的农学家，在中国农业史上贡献殊甚。关于他的家世与经历，史书几乎没什么记载。

依我推想，这样一位袁隆平式的人物，平素可能把精力都用到钻研土壤与庄稼上去了，不大懂得勤于向上级汇报邀功的妙处，也没有时常给当时宣传部门的同志们送点土特产啥的，及时将自己的光辉事迹四处散播。既然赵过生前甘心做个农呆子，就别抱怨身后独饮寂寞。几千年来，汉民族的事情就是这样，人情世故不够练达者，免不了要吃点哑巴亏。

话说汉武帝喜欢打来打去，建来建去，在军事和建筑上很上瘾，对农业生产不大上心。男人嘛，可能都这样。但长此以往，却是要付出国库空虚、民心不稳的代价的。于是，汉武帝在苍苍暮年幡然醒悟，赶紧提出"方今之务，在于力农"的口号。汉武帝听说赵过是农业专家，就求贤若渴地立即给他戴上了"搜粟都尉"的乌纱帽。仅此一个官名，就足见刘彻对现实生活的提炼能力及驾驭文字的才华。

刘彻这个诗人没白当。"搜粟"二字，寄托了封建皇帝对粮食事业的多少期望啊！

"搜粟都尉"本是军职之一种，负责征集军粮，又名"治粟都尉"。赵过的任务，是尽快帮助农民提高亩产、多多打粮。这对拥有丰富的辨土、施肥、选种及田间管理经验的赵过来说，不是什么太难的事情。他对西北地区农民的种地诀窍进行总结、改良之后，推出了著名的"代田法"：拿宽一步（六尺）、长百步的一亩地来说，分为三甽、三陇，甽、陇各宽一尺；

把种子下在甽里，等苗长高后，用挖出来的陇土培固其根部，使之耐风旱能力大为增强；越明年，将甽、陇位置互换，逐渐恢复地力。这是一种相对科学的耕作方法，亩产量比寻常种田可增加一斛（石）以上，甚至两斛乃至更多。

只需两头牛、三个人，代田法就可以操作了。一般来讲，用此法二牛三人每年可耕种5顷地。此外，赵过还积极推广耧播技术。耧有3只铁足，一牛拽引，一人扶耧，一天能播种一顷田。对这种方法，我实在是太熟悉了。鄙人在故乡石荆陶村时，不知道多少次于噙满露珠的深秋之晨，下地耩麦子。父亲在后扶耧，前面我与母亲俱各麻绳在肩，弓背屈膝，浑身吃劲，默默往复。

时下北方农村，这种方法依然屡见不鲜。2000年来，赵氏遗产持续跃动在农耕文明的脉管之中，发挥着酣焉不竭的股股热能，令人油然而生敬意。

赵过的代田法，由于效果不错，在汉武帝时期被作为典型在全国推广，连边远诸郡都争相施行。这方面的一个例子是，在考古发掘的居延（西北地区古代军事重镇，故址在今内蒙古自治区额济纳旗东南）汉简上，就有许多相关记载：反复用陇上之土与耨除的草扶固苗根，直至次年盛夏陇土使尽、甽陇培平。这个漫长的过程尽管不无枯燥，但眼瞅着绿油油的苗苗一天天繁茂健硕，无论哪一个最普通的农夫，都会咀嚼到甜丝丝的生活的诗意来。

这分来自大地深处的诗意，是赵过带给他们的。赵过对得起庄稼，庄稼人也怀念赵过，这就足够了。

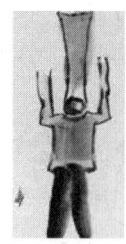

# 区　田

提要：在氾胜之指导下弄成的沟沟窝窝中，禾、黍、麦、大豆、荏（白苏）、胡麻、瓜、瓠、芋等作物，滋滋润润地竞相疯长，产量很高，形势大好。

随着年龄增长，阅历渐深，我越来越相信命运密码。也就是说，这辈子要做什么事情、成为啥样的人，上苍早有安排，就像戴手铐一样，挣扎只会平添痛苦。在我们豫西北乡下，这层意思被形象化为"啥虫拱啥木头"。民间谚语之智慧与鲜活，几令人拍案叫绝。自己是条啥样的虫呢？我常常在心里边想边问，答案似乎是清晰的，却又分外让人感到茫然。还是赶紧把眼前的事情做好吧，这时一个声音在耳畔响起：像人家氾胜之一样。

氾胜之是西汉时的著名农学家。老天让他到人间走一遭，就是让他累并快乐地侍弄土地与庄稼的。据说其先辈本姓凡，秦末避战乱，举家迁到氾水，遂改姓。氾水是济水支流，在今山东曹县与定陶县分界处。那么，氾胜之在指导农业生产、传授农业技术时，口气中会不会有淡淡的煎饼大葱味儿呢？在我看来，大葱的青、壮、憨、辣，早已融入山东汉子的血液里。

汉成帝刘骜是个色迷迷的昏君。这小子属马，他爷爷汉宣帝刘询为他取名"骜"，是希望他将来成为大汉王朝的一匹千里马，谁知道他简直就是一匹鲜廉寡耻的种马，最终暴死在温柔乡里。命运何其不公，他刘骜云雨巫山之时，氾胜之却在流着汗水默默无闻地工作。

因为很有能耐，氾胜之先是出任议郎，后来以轻车使者的身份到三辅地区工作，使关中平原的粮食生产大获丰收。所谓三辅，即西汉时治理京畿的3名官员——京兆尹、左冯翊、右扶风，后来干脆代指这仨人管辖的区域，也就是现今西安周边一带。氾胜之在这一带干出了政绩，当然要被提拔，遂由议郎擢升为御史。兴趣是最好的老师。老氾对农业的兴趣和刘骜对酒色的兴趣,程度上或许并无差别。

土地"怀孕"了,庄稼拔节了,麦粒儿纯净饱满得令人想入非非,这些都让氾胜之陶醉不已。

他决定将积存自三辅地区的农作经验,整理成书,泽被后世,这便是著名的《氾胜之书》。此书中最突出的部分是对区田法和溲种法的描述,此外还有耕田法、种麦法、种瓜法、种瓠法等。区田法是该书的核心内容,比赵过的代田法更进一步。此法适用于山岭阪坡及城邑附近土地狭窄的地带。此法是将地挖成小方块的"区",在其中施足基肥、盖土、浇水,然后下种。事实上,区田法的作业原理是"收缩与集中",通俗来说就是分别开小灶,全力优待小面积土地,保证充分供应作物生长必需的水肥,从而实现产量最大化。根据具体地理条件,区田法可分带状、方形两种地形方法。前者适于平原地区,把土地划分为若干条,挖成直沟,谓之"沟种";后者则多于山岭斜坡施行,将土地分为若干区,每区挖出小坑,在坑中种植作物,谓之"窝种"。

在氾胜之指导下弄成的沟沟窝窝中,禾、黍、麦、大豆、荏(白苏)、胡麻、瓜、瓠、芋等作物,滋滋润润地竞相疯长,产量很高,形势大好。水米充裕的关中女子们个个白里透红、面若桃花,她们笑嘻嘻地和老氾开玩笑,再也不嫌他身上山东大葱的味儿不好闻了。

# 溲　种

提要：氾胜之时时沉浸于创造的快乐之中，在独家秘方发挥效能时，幸福得完全忘却了现实中的纷纷扰扰。比如"溲种法"，将兽骨骨汁、缲蛹汁、蚕粪、兽粪、附子、水或雪水，按一定比例搅和成稠粥状，把种子浸泡之后取出晾干。如此反复数次，种子表层便裹上粪皮，就可播种。

我认为《氾胜之书》值得一读再读，甚至可以精编之后，推荐给现今的中小学生作为指定课外读物。随着城镇化的大幅推进，土地和庄稼的概念，不仅为城市孩子所忽略，连乡村青少年也逐渐鞋底不沾泥了。

我们只知道到时间了吃饭便是，却不晓得粮食在经过了哪些繁琐步骤之后才能吃到嘴边的，这是整个民族的悲哀。

氾胜之是个了不起的人物。在我看来，他与卫青、霍去病、张骞一样居功至伟。毛泽东讲过，与天、地、人相斗，都其乐无穷。若说霍去病是与人斗的典范，那么氾胜之事农便是解天时、夺地利的标兵。他时时沉浸于创造的快乐之中，在独家秘方发挥效能时，幸福得完全忘却了现实中的纷纷扰扰。比如"溲种法"，将兽骨骨汁、缲蛹汁、蚕粪、兽粪、附子、水或雪水，按一定比例搅和成稠粥状，把种子浸泡之后取出晾干。如此反复数次，种子表层便裹上粪皮，就可播种。

事实证明，溲种可供应幼苗期根系生长所急需的养分，故而防虫抗旱，生命力特强。那溲种的液体，黏黏糊糊，臊臊臭臭，对人的视觉与味觉，大概都是一种严峻的挑战。可腐朽中的神奇、恶臭中的善力、玷污中的保护，却是如此巨大，如此震撼。人生的得与失、顺与逆、福与祸，不也正如溲种般充满了辩证法的意味吗？氾胜之看似说农事，又何尝不是论世情？被汗水反复浸泡过的经验，总是熠熠生辉。氾胜之有云："凡耕之本，在于趣时、和土、务粪、务泽、早锄、早获。"这堪称夺取农业丰收的六大总则。

所谓趣时，就是冬麦播种一定不能过早过晚：早了易生虫害，麦种还会因气温高而拔节乱长，御寒能力下降，晚了则要被冻得展不开腰，将来穗弱粒瘪导致减产。和土，即通过翻耕，使坚硬的土壤变得疏松，疏松的土壤变得结实，从而改善土壤结构，使之松软细密。务粪，指通过基肥、种肥和追肥3种施肥方法，为土地增加肥力，肥料有蚕屎、人粪尿等。2000多年前，氾同志已经懂得人的排泄物除了倒胃口外，沤制腐熟后还是宝贝哩。务泽，就是指要给农作物浇好水。氾胜之提出"水温调节法"和"地下灌溉法"。前者是利用稻田灌溉水与稻田温度之差促进作物生长的方法；后者主要用于种瓜，在4棵瓜秧之间埋入一口装满水的瓦瓮，利用陶壁均匀渗水的特点，求取"润物细无声"的效果。早锄，就是及早进行中耕锄草，从而起到间苗、防冻、保墒、增产的作用。早获，就是及早收获以期颗粒归仓。譬如，大豆要在"荚黑而茎苍"时赶紧收，谷子须抢收于"芒张叶黄"时，而苴麻和瓠则在初霜时就得动手收获了。

一系列辛苦的劳作之后，作物总算金灿灿的，有了个好收成。可没等睡几宿囫囵觉，为了来年的丰收，选种的问题就又提上了日程。咋样才能弄来好麦种、禾种呢？《氾胜之书》的办法是：在禾麦成熟之后，选出穗大粒壮的留下来，扎成把子，向阳晒干，再用艾叶防虫——将麦种一石、艾叶一把夹杂贮存于瓦器或竹器中。等到"趣时"之际播入土地，一个美好而光荣的梦想，就这样重新开始了。

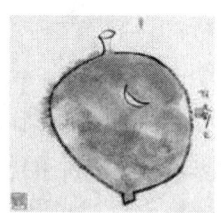

# 王 莽

**提要**：3年过去了，新政不仅没能改善民生，反令百姓愈加陷入水深火热的困境。王莽垂头丧气地废除了自己亲手签发的文件。

王莽是个既有权谋又有野心的人，不当几年皇帝，确实有些屈才。看到这个脸厚心黑的坏小子处心积虑地付出了那么多，老天爷情不自禁地动了恻隐之心，将龙椅塞到了他屁股底下。孰料坐拥江山之后，王莽很快就暴露了虚伪残暴的本性。那对不起，"水能载舟，亦能覆舟"，短短15年，新朝就完蛋了。

在我看来，尽管只有15年国祚，但毕竟也是满满当当的5000多天，王莽能把"皇帝"这俩字攥手心这么长时间，绝对算是大能人了。能玩弄众生于股掌之间者，必须有演戏的天分。拿王莽来说，虽然贵为汉元帝皇后王政君的侄子，但在未得势之前，他不仅毫无骄横跋扈，反倒伪装成一副谦恭俭让、礼贤下士的君子形象，在朝野很有口碑。尤其在西汉王朝摇摇欲坠之时，出任大司马的王莽多次捐钱献地、收揽民心。此外，他还极力拉拢能写善说的儒生，怂恿他们纷纷上书对自己进行肉麻的歌功颂德。

"王同志可真是个大好人呀！"那些被小恩小惠弄昏了头的儒生们，三三两两在私下里翘大拇指。他们甚至用献祥瑞、呈符命等手段，疯狂地传播这样一种观点：西汉气数已尽，马上要垮，谁当皇上，唯有王莽！铁的事实表明，搞政治不会忽悠，定然与提拔无缘。王莽于此心领神会，笑起来如春风伴暖阳，狠起来似秋风扫落叶。

他先是毒杀了汉平帝刘衎，另立小屁孩儿孺子婴为帝，自己则先后称"假皇帝"和"摄皇帝"。如此过了3年，王莽终于按捺不住澎湃的权欲，废掉傀儡孺子婴，于公元8年正式称帝，改国号"新"，改元"始建国"（公元9～13年）。

明目张胆地"篡汉"之后，王莽紧张兮兮地赶紧颁布法令，推出系列改革措施。就算他的皇帝之旅充满了血腥，但真若黄袍加身后，从内心来讲，他也还是想实实在在地整出些成绩的，这一点毋庸置疑。哪个新"老一"都要精神抖擞地抡上三斧子，证明自己不白干一回。具体到王莽，他首先关注土地问题，说白了就是粮食事业压倒一切。

始建国元年（公元9年），在恶狠狠地批判了前朝不能原谅的一大堆缺点之后，王莽郑重宣布"更名天下田曰王田，奴婢曰私属，皆不得买卖"。他这道命令的大概意思，就是要推行土地国有制。普天之下，莫非王土，从此不准再提土地私有的事了。这种情况下，井田制得到恢复，土地重新分配，"打土豪，分田地"提上了日程。

或许，受尽了万恶旧社会剥削的老乡们，都激动得一宿没合眼，东方刚露出点儿鱼肚白，就备好手帕，眼含着热泪，步入希望的田野分地了。可是，善良的他们又错了。王莽新政遭到了贵族、官僚及地主们的强烈抵触，他们不仅一点儿土地不叫大伙分，还骂骂咧咧地想要集体围攻衙门。如此僵持许久，胃肠里时刻需要翻腾着五谷的贫苦乡亲们，逐渐挺不住了，陆续卖地、卖孩子，宁愿触犯新法，也要换口饭吃。结果，沦为罪犯的，倒成了这帮子酸泪沾襟的苦人们。

3年过去了，新政不仅没能改善民生，反令百姓陷入愈加水深火热的困境。王莽垂头丧气地废除了自己亲手签发的文件。

# 五　　均

提要：对历史人物的评价，至少应当有不止一个的视角。如果从人性而非单纯史籍的向度观照，在我看来，王莽对底层劳动人民是抱有同情心的。

尽管王莽善于伪装、颇富机心，却还是事实上成了西汉腐朽统治的擦屁股者。在他老谋深算、七弯八拐地将西汉王朝整垮之后，却没能力使"病树前头万木春"成为现实。

一个在登基之初对前朝之弊横加指责的帝王，自己狠劲折腾了些许年之后，局面结果反倒愈加不堪，致使民怨沸腾、暴动连连，这是雄心万丈的王莽完全没有想到的。既然你要惨了，那么前朝新朝的罪账，就必定得一兜子承担。或许王莽冤比窦娥，但后者无人不怜悯，至于前者，怎一个活该了得。

对历史人物的评价，至少应当有不止一个的视角。如果从人性而非单纯史籍的向度观照，在我看来，王莽对底层劳动人民是抱有同情心的。

除了"王田、奴婢"政策之外，他还在始建国二年（公元10年），下诏推行"五均六筦"，意在节制商人对农民的过度盘剥，打击猖獗的高利贷行为。有史家认为，这实际上是汉武帝部分财政政策的沿承或展拓。

所谓五均，指均市价以利平民和公家。当时在京都长安及洛阳、邯郸、临淄、宛、成都等六个繁华大城市，设立"五均司市师"来管理市场。每个季度的中间月份，司市官评定本地物价，谓之市平。物价高于市平，依市平出售；低于市平，则听任农民买卖。日常必需的五谷、布帛、丝绵等滞销时，由司市官按本价收买。农民兄弟倘若遇上祭祀、丧葬等情况花钱甚急，可大胆向官府借贷，分毫利息也不收的。假使赤贫之下想弄点胡辣汤、武大郎牌炊饼啥的小生意做做，而又紧缺本钱者，也请放心向官家借贷，月利三分，很优惠的。"五均"之外的"六筦"，则是由国家掌控盐、铁、名山大泽、铸钱、布帛等五均赊贷加上酒的官卖，不许私人经营。

一心想要改善民生的王莽，却无力控制那些推行"五均六筦"的大商贾们。这部分狡诈的有钱人，与地方官狼狈为奸，造假账瞒天过海。眼看着国库饿得嗷嗷叫，油水儿却哗哗地流入了这些贪婪之人的私囊。皇帝哥的改革初衷是好的，但执行得太差劲，农民们不仅没盼来小康，反而越过越穷。

改革没有成效，王莽的心慌了。就像新手上路的机动车司机，在错误的油门上一踩再踩一样，王莽转而对钱币下手。他撇开最通用的汉五铢钱，附会周景王铸大钱的做法，加铸各种各样的刀币。后来有人提醒，"刘"字（繁体写法）中有"金"又有"刀"，莽哥您搞这些刀币，难不成要为西汉王朝招魂吗？哎呀，听人这么一说王莽拍拍脑袋，赶紧下令废了刀币和五铢钱。

之后王莽另造二十八种新币，美称廿八品：黄金一品，银货二品，龟宝四品，贝货五品，钱货六品，布货十品。如此这般，王莽共把无辜的钱币前后折腾了五回，给社会经济造成了极大混乱。大伙儿对疯狂莽哥完全失去了信任，依旧偷偷使用简洁、大方、朴素而又温情的五铢钱。

面对王莽造成的人祸，破产的人们难过地坐在路牙子上，擤鼻涕抹眼泪。而另一方面，严重的天灾也在不断袭击农村，米价高达五千钱甚至万钱一石。更叫人瞠目结舌的是，黄金一斤，竟然只能换得黄豆五升。莽哥呀，你聪明的，告诉俺们，除了揭竿子造反，还有别的啥法儿吗？绿林军、赤眉军和铜马军，还愣着干什么，冲啊。

中国粮油书系第二卷之
水煮粮史（下）

# 第三章

Disanzhang

大伙儿各自亮出了家乡美食：山东大嫂的煎饼卷大葱，洛阳老妈的牛肉汤，郑州伯伯的滋补烩面，河间爷爷的五香驴肉。你吃我的，我吃你的，彼此尝尝，相互赞赞，瓢勺叮当，觥筹交错，一齐坠入粮食所带来的无穷快感中去。

# 刘　秀

**提要**：当了皇帝之后，刘秀立即下令解放奴婢，鼓励流民回归故乡，又组织兵士屯田，以积储军粮。他很知道土地和粮食的重要性，把荒地、公田都分赐给贫民，柔声劝他们好好种，力争让一部分人的肚子先饱起来。

东汉王朝是在一个名叫刘秀的男人手里开始的。说刘秀"媸"出了东汉，不是太好听。但此人对自西汉末、新莽以来腐败动荡局势的收束之功，还是不容忽视的。西汉末期，刘氏子孙蚁布天下。刘秀虽然名义上是皇族后裔，但实际上早已沦为平民百姓。当时，眼看天下乱象频生，王莽快招架不住了，刘秀与他哥刘演，在家乡南阳盘算起事。刘演性子躁些，大大咧咧的，喜欢冲动，刘秀却谨细多谋，很少口无遮拦。俩人简单合计了一下，决定分头在舂陵（今湖北枣阳）和宛（今河南南阳）起兵。起义军势头很猛，为了集体荣誉不怕牺牲，刘秀还成功领导了史上以少胜多的著名战役——昆阳之战。

在"成功"紧握于手心之前，该锋芒毕露还是低调忍耐呢？刘演选择了前者。他在绿林军拥立刘玄为帝后，妒火中烧，极力反对，咋咋呼呼地一再扩张势力，揎拳捋袖，时刻准备大干一场，结果，反被对手所杀。亲哥没了，刘秀自然恨得牙痒痒，但势单力薄的他最终选择了隐忍不发，甚至还努力装出忠顺的笑脸，在杀兄仇人刘玄手下做事，并且很快成为优秀员工。后来刘玄派他到黄河以北出差，他认为时机成熟，这才高举"汉"旗，拉拢官僚、地主，扬眉吐气地单干了。

两种性格，导致了兄弟俩截然不同的行事方式与人生境遇。我们不得不佩服刘秀，这是一块好钢，能够在最关键的时刻化为绕指柔，从而为自己赢得了巨大的生存、发展空间。

刘秀在今河北省境内,开展了一系列卓有成效的政治运动,软硬兼施,恩威并重,势力日渐壮大。他对一帮子归顺自己的官僚、地主们许愿,只要好好干,将来高官厚禄、美食娇娃,定然是享用不尽。为了尽快实现当皇帝的目的,刘秀还私下授意一个擅长装神弄鬼的老同学强华,编了个"赤伏符"献出来,以证明自己称帝是"受命于天"。

就这样,公元25年,在今河北柏乡,光武帝刘秀终于"炼"成了。

当了皇帝之后,刘秀立即下令解放奴婢,鼓励流民回归故乡,又组织兵士屯田,以积储军粮。他很知道土地和粮食的重要性,把荒地、公田都分赐给贫民,柔声劝他们好好种,力争让一部分人的肚子先饱起来。

在刘秀的亲切关怀与指导下,长期流亡在外的农人纷纷重建家园,农业生产逐渐恢复、发展。也许在某个喜鹊喳喳的清晨,一名满脸沧桑的农夫,正驱牛扶犁勤耕之时,只听"叽咕"一声,刘秀一行下乡视察的车驾停在了路边。

"老人家好。"刘秀富有磁性的男中音,伴着温暖和蔼的笑容,一步步逼近一个热汗盈额的农人。

# 水　碓

**提要**：利用水力舂米的器械，便是水碓。它可以昼夜不息地加工粮食，功效比靠手臂与杵臼提高约100倍，比用脚蹬提高约10倍。

利用水力舂米的器械，便是水碓。

它可以昼夜不息地加工粮食，功效比靠手臂与杵臼提高约100倍，比用脚蹬提高约10倍。水碓的发明，至晚在两汉之际，到东汉初年，水碓的使用已不鲜见。白花花的大米无须劳神费力就能奔涌到眼前，东汉乡亲们的心里哦，像伏天吹电扇那样清凉欢快。对此，清康熙时陈梦雷编纂的大型类书《古今图书集成》也有记载："凡水碓，山国之人、居河滨者之所为也。攻稻之法，省人力10倍。"很显然，东汉时的农业生产，比西汉大有提高。除了用作谷物加工方面的水碓，用以冶铁铸铜的水排以及汲水工具翻车、渴乌之外，最主要的还是铁农具和牛耕的大幅度推广。北方考古出土的铁农具计有锸、锄、镰、铧等，结构更为合理，也愈加坚固耐用。拿犁铧来说，刃部加宽，头部角度缩小，尤利于深耕、快耕。此外，这一时期还出现了全铁曲柄锄、大镰等新式农具。前者用以中耕，全铁曲柄如虎背熊腰的壮汉，干起活来简直不知道啥叫累；后者长约35厘米，装上长木柄，人不用弯腰就能唰唰地大片割草。在东汉，回转不便的耦犁，已被中原地区相对轻便的"一牛挽犁"所替代。落后一些的淮河流域和边塞区域，也在逐渐推行牛耕和铁铧犁。

生产工具优化了，生产技术提高了，粮食亩产不用问会有令人惊喜的增加。作为记载东汉光武帝至灵帝时期历史的纪传体史书——《东观汉记》显示，章帝时张禹在徐县（今江苏泗洪）开蒲阳旧陂，垦田4000余顷，获谷百万余斛，算下来，亩产在两三斛之间。这已经比西汉时的亩产量翻一番还多了。

　　农业丰产与水利兴修向来有着不可分割的密切关系。以黄河为例，西汉平帝时曾发生决口，河水猛灌汴渠，泛滥数十县，直至东汉初年水患才得以平息。黄河以南兖、豫等地的老百姓，饱罹水患逾半个世纪。东汉明帝时，派遣水利专家王景和王吴，用堰流法控制水势，主持修复浚仪渠，咆哮的黄河水这才老实许多。公元69年，王景与王吴又应命修治黄河、汴渠，征调农民和士卒达数十万人，费时年余，耗资巨大，总算使该项工程圆满告竣。这一居功甚伟的工程，创造性地分流了黄河与汴水，沿岸出现的大量淤土，后来都渐次垦为良田。黄泛区广袤的土地，在东风吹拂下，重新焕发了久违的青春，绿油油的庄稼重又出现在人们的视野之中。尤其令人振奋的是，经过此次深度整治，剽悍难驯的黄河，在之后直至北宋庆历八年（公元1048年）的800多年间，再没发生过改道。

　　在此，我想对部分在水利和粮食方面作出不俗业绩的东汉官员，进行点名表扬。正是他们的兢兢业业，才有治下穷苦人民的幸福生活。他们只管埋头实干、苦干，用实际行动淋漓尽致地诠释了什么才是人民心中的父母官。可以说他们感动了整个东汉，如果当时有"感动东汉"一类的评选活动，他们毫无争议地要成为众人敬仰的年度人物。

　　他们是：汝南太守邓晨，在今河南正阳、息县之间，主持修复鸿郤陂，历时数年，起塘400余里，灌溉农田年年丰收，"鱼稻之饶，流衍他郡"；汝南太守何敞，在今安徽临泉主持修治鲖阳旧渠，增垦田地3万余顷；南阳太守杜诗，修治陂池，广拓土田；渔阳太守张堪，在今北京顺义境内的狐奴，开辟稻田8000余顷，引水溉田，家家由此而致富，当地民歌以"张君为政，乐不可支"等句子，来向他表达滚烫的敬意与爱意。

# 岁 首

提要：把农历正月初一定为"岁首"，也就是"年"，是从汉武帝太初元年（公元前104年）开始的。

写这篇文章的时候，是公元2013年2月上旬，农历癸巳春节已近在眼前。一定有许多人归心似箭，但也有相当一部分人沉下心来守岁异乡。在郑州街头购买小东西的间隙，我随意询问了包括刀削面馆的一对山西夫妇、点心小屋的一对湖南夫妇等数人春节是否回来，他们的回答大同小异。他们之所以春节不返乡，是因为春节返乡时间太紧张，要花相当一部分钱，对于辛苦经营小本生意的他们，很有些心疼和感觉划不来，所以干脆就不走了，趁春节放开手脚歇几天。

随着年龄的梯次攀增，"过年"这个词儿，给人的感受是不一样的。尤其近二三十年来，对生计在肩的中国成年人来说，过年就是过钱。若囊中羞涩，物质饱满度不够，就会在时兴攀比之风的春节期间面子上挂不住。所以，有些人在提及春节的时候，要微微皱一皱眉头，心里咕嘟出一串轻叹。

而2000年前的东汉百姓，也许对过年充满了由衷期待，因为他们真的不差钱。具体说来，大略在汉明帝刘庄到汉章帝刘炟之间的二三十年，由于官府比较重视改善社会状况，解放奴婢，兴修水利，百姓的日子渐渐好过起来。拿永平十二年（公元69年）来说，《后汉书》有云："天下安平，人无徭役，岁比登稔，百姓殷富。粟斛三十，牛羊被野。"粮食连年丰收，粮价每石30钱，黄澄澄的小米饭大概家家户户都要吃到打饱嗝，肥壮的牛羊像天上的云朵一样飘满了大片原野。如此河清海晏、富庶宁定的太平盛世，委实是不多见的。这对于习惯了挨饿与流亡的父老乡亲们来说，有若突遇海市蜃楼般心下惴惴。在掐了胳膊上的肉，验证了真实的痛感之后，他们情不自禁地欢呼，紧接着玩命似的珍惜。

把农历正月初一定为"岁首"，也就是"年"，是从汉武帝太初元年（公元前104年）开始的。据悉，刘彻根据天文学家落下闳等人制定的《太初历》郑重决定，改嬴秦以来的十月"岁首"为正月"岁首"。为了纪念这次伟大的"订正"，后人亲切地为落下闳取了个"春节老人"的雅号。

自那时起到1911年辛亥革命的2000年间，"年"被古人称作"元旦"，在汉代，又称"三朝""岁旦""正旦""正日"。

在东汉初期那黄粱一梦般的20来年，每逢"岁首"，祭祖大概是必不可少的重要活动。大尚书崔寔在其主讲田庄农事的专著《四民月令》中称："正月之朔，是为正日。躬率妻孥，洁祀祖祢。及祀日，进酒降神毕，乃家室尊卑，无大无小，以次列于先祖之前，子妇曾孙，各上椒酒于家长，称觞举寿，欣欣如也。"这当然是地主老财家的祭祖，至于咱平头百姓，也许没能力也没必要搞那么多烦琐的瞎讲究。香喷喷热腾腾的美食做好了，先给祖宗盛一碗供奉起来，然后全家团圆，欢声笑语，把所有的忧伤和低迷尽皆抛除，齐唱"难忘今宵，共祝愿，祖国好"。

# 月　　旦

提要：好粮食都让皇帝吃了，好姑娘都让皇帝娶了，好房子都让皇帝住了，革命的大风暴也只能冲着皇帝来了。

许劭是东汉末年著名的评论家，汝南郡（郡治在今河南平舆县）人，专好对别人指指点点。当时社会上风行人物品藻，谁要想出人头地、混入上流社会，就必须找评论名家写个"鉴定书"，否则很难得到认同。可想而知，许劭的生意有多么好，地位又何其尊荣。

在许同志的评论生涯中，有个赫赫有名的案例，很给他长脸。据说曹操发迹之前，是个脸皮厚、野心大、手段刁的青年流氓。这副德行，遭到主流评价体系的严正鄙视，大概是免不了的。野心勃勃的曹操，当然不甘心久为池中物，于是乎备下厚礼，扮出一副满脸堆笑的奴才相，叩响了许劭的门："尊敬的许老师，求您给美言几句吧，您的大恩大德小曹我永生不忘，来日一定好好报答！"许劭根本没把讨人嫌的曹操放在眼里，只是鼻孔朝天冷冷地"哼"了一声。

碰了一鼻子灰的曹操，一出许家就破口大骂了一番："什么玩意，装什么装。"然而骂归骂，事该咋办还咋办。但凡是流氓、顽主，都能屈能伸，心理素质极佳。为了达到目的，曹操对许劭展开了死缠烂打式"造访"，好像还使了点阴招，譬如桃色陷阱啥的。总之，清高的评论家不得不发表意见了。"君清平之英雄，乱世之奸贼！"许劭三分讨好七分揶揄的论语，反令曹操大喜过望。之后，事实证明了许同志鹰隼般的目光。

在东汉末年宦官专权的黑暗政治环境中，士人们入仕所必经的选举、征辟等路子，被垄断得严严实实。

没点"背景"或"关系"，只能永远挣扎于底层。那些无权无势的官僚与激愤彷徨的儒生们，逐渐联合起来，在朝野形成了一股子汹汹而至的反宦力量。他们"激扬名声，互相题拂；品覈公卿，裁量执政"，推出了自己的优秀评论家，许劭便是其中之一。许劭与堂兄许靖，在评论界都是名人，喜欢在每月初一这天，对热点人物品头论足。这一习惯性活动，在汝南郡俗称"月旦评"，也称"月旦"。

汉末桓、灵时期，统治阶级昏庸腐朽，官僚、地主对基层劳动者极尽残忍盘剥之能事，再加上灾荒频发，整个社会已如痈疽之将溃。斯般情形之下，许劭兄弟等一众评论家，刺世嫉邪，危言深论，着实有激浊扬清之效。

要我说，这群啄木鸟似的评论家不是太多了，而是太少了，因为老百姓实在是太苦了。

看吧，先是汉桓帝刘志狂造宫室，广选宫女五六千人，天天寻欢作乐。接着是汉灵帝刘宏，后宫彩女数千不说，还公然卖官圈钱，上自公、卿，下至郎、吏，皆有明码标价。具体说来，公价1000万、卿500万，二千石（郡守、王国相）2000万、四百石400万，县令（长）面议。

在这样的皇帝治下，饥寒交迫的农民们，除了起义还能干什么呢？且听民谣："发如韭，剪复生；头如鸡，割复鸣。吏不必可畏，小民从来不可轻。"好粮食都让皇帝吃了，好姑娘都让皇帝娶了，好房子都让皇帝住了，革命的大风暴也只能冲着皇帝来了。

麦苗儿啊，你快快地长，好为兵哥哥做干粮；小米儿啊，你加劲儿黏，好为兵哥哥暖心怀；兵哥哥啊，你别光知道对着枪眼儿冲，保条命回来咱就结婚中不中？

# 屯　田

*提要：不解决吃粮问题，无异于自取灭亡。曹操果断地将"菜篮子面袋子"工程提上日程，发号施令，开始大力推行屯田制。*

曹操不是个简单人物，有胆有识，经得起乱世打磨。这类人对世间的各种条条框框，都有质疑的习惯和挑战的欲望，并且心理素质超强，再怎么遭受打压与挤兑，也绝不至于选择自裁。假如让曹操经历"文革"，并且被揪斗、戴高帽、剃阴阳头、游街，甚至被打折双腿，他大概也不会流下脆弱的泪水、冒出轻生的念头。在我看来，该"牛"时"牛"、该低头时低头的曹同志，才真正称得起纯爷们的名号。

东汉末年的大乱之中，曹操反倒像春风吹拂下的一粒种子一样，拱出了肥厚的地面。虽然出身朱门，爸爸和爷爷都是大官，但也没啥可炫耀的，因为他爷曹腾是个阉人。官是宦官，人是阉人，对男人来说，不说是一种持续终生的痛，也总会有一股子怪怪的滋味在心间，使人时时沮丧、莫名烦躁。在这个问题上，曹操或许领教过讥讽的眼神和恶意的嘲笑。不管是揎拳捋袖还是隐忍不发，总之他没太在这些小事上打转转。他很清楚，要想混成人上人，就得将有限的精力投入到明晰的大方向上，而不能鼠目寸光、井蛙观天、小肚鸡肠、芝麻西瓜一起抓。

起先，曹操率兵镇压过颍川（治所阳翟，今河南禹州）的黄巾军，后来聚兵陈留（今属河南开封），参加了讨伐董卓的关东联军。曹操对社会现实有透辟的认识，还很擅长拉拢人，故而队伍逐渐壮大起来。到了公元196年，也就是建安元年，蓄谋已久的曹操开始发力，干了一件惊天动地的大事情：是年八月，他硬是"忽悠"汉献帝刘协迁都许县，顺利而又残忍地实现了"挟天子以令诸侯"的弥天野心。

接下来，摆在曹操面前的一个难题是缺粮。如一扇巨大的磨盘一样，粮草问题"狞笑"而至。孟德公眼前一片金星乱冒，脚步在粗喘声中踉跄。

他用凉水洗了把脸，在侍从搀扶之下，稳稳神，开始清理如麻的思绪。他比谁都清楚，中原大地久遭兵燹，疮痍呻吟，不仅老百姓的日子惨透了，就连各路军阀也都饿得前胸贴后背。

据新闻干事打探来的消息可知，盘踞在黄河以北的袁绍军团，可怜到靠采桑葚充饥；江淮心高气傲的袁术，无奈到让士兵拾蛤蜊、摸河蚌糊口的地步。白天不懂夜的黑，粮食不懂肚的饥。曹操自己的队伍里，竟然发现有人津津有味地嚼人肉干。

不解决吃粮问题，无异于自取灭亡。曹操果断将"菜篮子面袋子"工程提上日程，发号施令，开始大力推行屯田制。所谓屯田，就是政府利用士兵在驻扎的地区种地，或招募农民种地。屯田分民屯、军屯两种，一般以后者为主。曹操先是在许县屯田，后逐渐普及各郡国。军屯好理解，民屯的具体政策是：国家拨给农民田地，依军事编制，若使用官牛耕作，则收成官、民六四开；不用官牛的，就平分。屯田户受国家保护，又没徭役，只管美滋滋地搞好光荣的粮食生产就行了。如此过了5年，听编史书的人说，曹公的办法果然奏效，粮仓鼓鼓囊囊，百姓安居乐业，军民鱼水情深。

吃饱了肚子的人干啥都有精神。

曹操一边积蓄力量，一边打打杀杀，陆续消灭了不少割据势力，大体控制了黄河以南，与袁绍隔河对峙。后他又通过"以少胜多"的官渡之战，一统中原，称雄北方。

# 士　家

提要：中原统一后，自耕农实际上成了国家租调兵徭的重要负担者。你曹孟德是大英雄，也为粮食事业作出了贡献，这都不假。但老百姓的苦啊，依然是你军帐外不息的夜半朔风。

屯田积谷的曹操，看上去是可爱极了。谁让北方的农民有饭吃，谁就不可能看上去不可爱，因为粮食和舌头缠绵的感觉，以及粮食和胃肠缱绻的感觉，实在是太美妙了。饿肚子的时候，再艳丽的花儿也无颜色，再英武的人儿也无力气。

想当初，北方战乱频仍，农业生产凋敝。数不清的乡亲们，死的死，逃的逃，大量荒地无法开垦，"田无常主，民无常居"。纵便悲情如此，大多数的军阀割据者，却铁石心肠、视若无睹。或许在他们看来，死一些人，荒一些田，对于逐鹿中原、驰骋沙场的巨大快感而言，都不算什么。这时候，至少有一个人不这么想。深沉的夜里，听着军帐外呼啸的朔风，他原本坚硬的心悄然颤动了。

建安元年（公元196年），在枣祗（曾任陈留太守，首倡"屯田制"）、韩浩（河内郡人，官至中护军）两名心腹的建议下，曹操攻破汝南、颍川黄巾军，夺得大批劳动人手及耕牛农具，随即在许昌附近开辟屯田。不久，他就尝到了甜头。再后来，曹操下令在各郡国设置农官，主持屯田制推广事宜。譬如国渊同志，本是汉末经学大师郑玄的高足，投靠曹魏后，爱岗敬业，"屡陈损益，相土处民，计民置吏，明功课之法"，把领导交办的屯田工作搞得呱呱叫。

像国渊这样的农官，有典农中郎将、典农校尉、屯田都尉等具体称呼。他们不归郡县官管，而是直属于中央的大司农领导。说起大司农，本是大秦帝国就有了的官职，当时叫"治粟内史"，到汉代又有"大农令"等叫法。总之，这是个专门掌管国家粮库或者劝课农桑的官儿。曹操手下的这些农官们，多设于肥美平畴的屯田区，在耐心指导屯田客怎样确切掌握农时、怎样不让耕牛踢着自己、怎样捏碎大一点的土坷垃等等。事实证明，在技术上强调精耕细作，的确有利于粮食产量的提高。

粮食丰收是离不开水的，这一点曹魏相当在意。既然要浇水，那咱就修渠。水利工程方面，在中原地区和淮水流域，先后开通或整修了利漕渠、白马渠、鲁口渠、睢阳渠、贾侯渠、讨虏渠等。此外，陂塘也修了不少。渠水哗哗流，庄稼蹭蹭长，简直要为枯燥的农业生产赋予醉人的美学意义。

而事实上，按比例向国家缴纳地租的屯田客，依然逃不出被剥削的命运。他们过得并不如意，甚至衣不蔽体、面有菜色。

连屯田客都不如的是士家。所谓士家，就是为应付战事而必须保证的一部分固定兵源，包括士兵及其家属。曹魏的士家制度相当严厉：世代当兵之家集中居住，另立户籍，不与民户混杂；士家子孙必须世代当兵，娶妻也必须是士家女子；若士兵有逃亡者，其妻要成为官奴婢或被处死。

这固然保证了曹魏之军力不衰，但这般军事政策对人性的钳制与践踏，却也涉嫌丧心病狂。

屯田客与士家的日子难过，自耕农也绝不轻松。统一中原之后，曹操叫他们每亩土地缴纳租谷4升，名曰田租；每户人家交纳绢2匹、棉2斤，称作户调。这些自耕农，实际上成了国家租调兵徭的重要负担者。你曹孟德是大英雄，也为粮食事业作出了贡献，这都不假。但老百姓的苦啊，依然是你军帐外不息的夜半朔风。

# 占 田

**提要**：司马炎制造的一个名词叫"占田制"，也叫"占田课田制"，主要做法是把占田与征税"拧"到一起。

癸巳蛇年（2013年）春分过后的第五日，我又一次赶数百公里路程，到安阳县安丰乡西高穴村的曹操高陵考幽访古。一块据说由是公安机关追缴而获的残碑，引逗我在七拐八绕的豫北乡村小道上奔走。为啥我会对这些冷置在荒村僻壤中的残石断碣大感兴趣呢？前不久，在南京大学的一间会议室里我曾谈到，而立之后，世事反刍，恍然醒悟，或许自己与"考古"的缘分肇于孩提。那时候，在武陟县乡下的农家院里，我喜欢撅着屁股挖坑刨土，在成若干红薯窖微缩版一样的洞穴内，将螺帽、铁钉、铝线、木棍等一众藏品密封于内。俟风抚雨滋数日后，掘之出，品斑斑锈迹，嗅潮苦气味，陶然其中。况且，故里沁河南岸那骈肩联袂的两个小村，分别叫"石荆""陶村"，有石有陶，不造就个把考古人才才怪哩！乱扯这一圈儿考古，都是曹操墓点的炮捻子。

话说曹操死后，其与卞夫人生的头一个儿子曹丕，代汉称帝，在曹魏当了6年"一哥"。曹魏国祚凡46年，后期被司马懿掌握大权。到景元元年（260年），司马家的野心实在按捺不住了。当时的魏帝曹髦，在愤愤地喊出一句万古名言——"司马昭之心，路人皆知"之后，便付出了胸背刃穿的代价。

抽戈犯跸、送曹髦上西天的，是司马昭指派的武将成济。这个傻孩子呀，当时也不想想，为政治家卖命，能有好下场吗？果不其然，为了平息刺杀皇帝而引发的众怒，司马昭冷面铁心地辣手一挥，成济全家登时倒在血泊之中。

一个皇帝倒下了并不可怕,可怕的是不止一个皇帝被弄晕。曹髦死后,曹魏末代皇帝、14岁的魏元帝曹奂登基了。曹奂乃曹操之孙。如果曹操可称为大英雄,那么曹奂则是不折不扣的大傀儡。

在司马家屋檐之下寄食5年之后,曹奂被司马昭之子司马炎逼迫禅位,降封为陈留王,迁居金墉城(今河南洛阳市东)。以司马炎同志为皇帝的西晋王朝,就这样正式成立了。改写刘禹锡的诗句来作总结,诚可谓:元帝废黜封陈留,曹魏王气黯然收。

历史的流程总是拖泥带水,参差迤逦,没个整齐划一的干脆劲儿。拿西晋来说,司马炎建国15年之后,才灭掉三国东吴以孙皓为核心的末代政权,彻底统一大江南北。伟业既成,欢喜无比,辞旧迎新,改元太康。自太康元年(公元280年)到太熙元年(公元290年),司马炎十载经营,卓有成效,堪称西晋之金色年华。

统共活了54岁的司马炎,以洛阳为都,坐了25年龙床。人生的近半岁月,都在当皇帝,不晓得是啥滋味。尽管晚年有奢靡腐败的一面(不狠狠地爽几回,皇帝简直就是白干了),但因为亲手导演了繁荣兴盛的"太康之治",司马炎还是足够值得我们尊敬的。

司马炎制造的一个名词叫"占田制",也叫"占田课田制",主要做法是把占田与征税"拧"到一起。占田数,是国家准许农民占有田地的数量,课田数是国家征收田租(税)的亩数。西晋的田租,每亩纳粮八升,较曹魏时期整整翻了一番。据史书说:"男子一人占田70亩,女子30亩。其外,丁男课田50亩,丁女20亩,次丁男半之,女则不课。"这里的丁,指年龄在16岁至60岁者,次丁则指13至15、61至65岁的男女。看来还是当女人好,小姑娘或老妈妈,都能光分地不纳粮。米面吃了能饱,卖了得钱,这是几世修来的福呀。

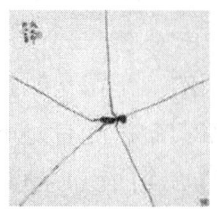

# 吃　　疯

**提要**：在从中央到地方厉行节俭、杜绝浪费的今天，我们反观晋武帝等一帮封建腐败分子大量糟蹋粮食等生活物资的事实，莫不痛心疾首。

对于金钱和女色，如果可以随心所欲地攫取和享用，大概没有哪个男人会畏首畏尾。这是人性，无干道德，况且是皇帝带头作示范。拿晋武帝司马炎来说，他就将这方面表现得淋漓尽致。为了更多地弄钱，身为一国之尊，竟然公开卖官，真金白银如开闸的瀑布般哗哗落入腰包。此外，他还蓄有姬妾近万人，其中包括灭东吴后，自孙皓后宫掳得的数千红颜。面对万余名雪肤花貌的尤物，炎哥奇招出炉：在如海深宫中，着咩咩叫的羊儿拉着华美软和的车儿，恣意逛悠，羊车停在哪房门前，哪儿便是销魂之所。

我在想，争荐枕席的佳丽们，会不会在那拉车的羊儿身上打主意呢？比如，在自个门前种上一盆好草，或者喷洒某种异味，使不解风情的羊儿见绿止步、知味停车。总之，包括武元皇后杨艳、武悼皇后杨芷、贵嫔左芬、陈美人、徐才人等在内的众多佳人，定然是费尽了心机的。炎哥在自己皇帝生涯的中后期，就这样整天"美了美了美了，醉了醉了醉了"，没到知天命的年龄便圆满实现了"做鬼也风流"的毕生宏愿，飘飘摇摇地到另一个世界了。

既然皇帝这样干，西晋的大臣们自然不客气。有个叫何曾的太傅，是当年皇帝他爷司马懿的心腹，在辅佐司马氏废曹立晋过程中，有大大的功劳。让这样的权臣住房宽绰一些，伙食改善一下，不仅是应该的，甚至是必须的。但何老兄伙食改善得也忒过分了点，每天吃饭所费竟1万钱，就这还嫌可口菜肴太少，没个下筷子的地方。更令人咋舌的是，在炎哥大宴群臣的集体场合，这老兄都自带厨子自烹食，公开说御膳难以下咽。对此，很有些看不惯的臣僚参他的本，但都被炎哥宽容地微微一笑给挡回去了。

臭毛病都是惯出来的，父有所好子必甚焉。何曾的儿子何劭，高居司徒之职，见老爸在皇上跟前如此得宠，就"同比增长"地把自己的伙食费翻至每天2万钱。呵呵，挥霍浪费谁不会呀，西晋王朝的统治集团一哄而上了，许多震颤全国的斗富英雄随之涌现出来。信手拎出几个例子。朝廷外戚王济，用鲜美的人乳喂猪。开国元勋石苞之子、著名富豪石崇，公然叫板皇帝的舅舅王恺，非要比比看究竟谁才是真正的西晋大亨：王恺用麦糖洗锅，石崇就用白蜡当柴；王家用赤石脂涂屋，石家便用香椒泥覆壁；王同志炫耀外甥女婿所赐的3尺珊瑚，石同志冷笑一声当场击碎，摆摆手让家丁抬出三四尺的珊瑚树六七株。更叫绝的是，老石请客，命美女劝酒，但凡客人拒饮或喝而没干，便当场杀女，某次竟连杀三娇娃，胭脂血迸溅若桃花瓣漫天。在石家，厕所修得比寻常官员的卧室还要豪华，厕所内备着各种香水、香膏、蚊帐、垫子、褥子，且有多名美女伺候。

在从中央到地方厉行节俭、杜绝浪费的今天，我们反观晋武帝等一帮封建腐败分子大量糟蹋粮食等生活物资的事实，莫不痛心疾首。尽管司马炎在位期间，也曾很注意开垦荒地、兴修水利，并且在泰始四年（公元268年）还设立"常平仓"，以用来丰年收购粮食，荒年则按适当价格售出，从而有效地稳定了粮价。但再怎么说，他纵容大臣餐费极度超标的做法，是非常不合适的。那就让我们高声喊上几嗓子吧：反对日食万钱，不准人乳喂猪，双开石崇、王恺！

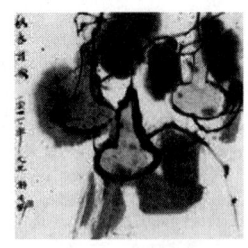

# 户　　调

提要：晋武帝司马炎呀，你的改革是好心。虽然有些理想化，俺们穷人不怨你。可恨那些臭官僚，还有贵族一大群，龇开大牙哈哈笑，光占改革的便宜。

尽管生活上腐化堕落、荒淫无度，但平心而论，晋武帝司马炎在位期间，还是推行过一些改革、创造过若干正能量的。譬如，为了保证国家税收，他用行政强制的办法，将大量流动人口"拽"回土地上。春种一粒粟，秋收万颗籽。不消说，这对社会稳定、经济发展、粮食增产，是有积极作用的。

以创设于西晋泰始二年（266年）的汲郡为例。司马炎一声令下，开垦荒田即达5000余顷，粮仓立马像吹气球一样鼓胀起来。我在偷偷地想，倘若贺敬之生在当时，谁也不敢保证他不会激动地写下"手抓粮食俺不放，紧紧儿贴在心窝上"的诗句。

改革从来都是摸着石头过河，他晋武帝当然也有考虑不周的时候。瞅瞅，"户调制"就让人民不太愉快。这是一项户税征收制度，在西晋那些年月，管你是富是穷，税是挨家挨户收的。家有丁男，那好，交吧，每年交绢3匹、绵3斤。"可怜见的，官爷，俺家只有女人和次丁男呀。""哭啥？减半交。""俺们这里是边穷地区呢，咋弄？""还治不了你们了，再边陲也有个远近，参照内地家庭结构，近的交2/3，远的1/3。""税官叔叔，咱少数民族能免税吗？""喊叔也不中，听清楚了，近的每户纳賨布1匹，远的纳1丈。"

以上按户纳税的规矩，看上去怪公平，实际上明摆着是"糊弄"穷苦百姓。贫富差距那么大，这些充税之物，对富者而言，连一根毛都算不上，却有可能"窒息"一户薄祚寒门。曹魏时每户纳绢2匹、绵2斤，较西晋轻松许多。单这一比，估计司马炎的耳膜就得被来自民间的汹涌詈骂声所洞穿。

不仅"户调制"遭受质疑，另一项"品官占田荫客制"也没落好。而且，这竟然是一种保障官僚们经济特权的制度。

九品中正制（也叫九品官人法）于西晋进一步成熟，官分九品，等级贵贱决定"占田"多寡。具体说来：一品大员占50顷，二品45顷，三品40顷……九品10顷。此外，官阶不同，豢养的私家人口（奴仆）也有相应数额限定。这些被官员"庇荫"、供主子驱使的"衣食客"和"佃客"，虽然得免国家徭役，却在人身上罕有自由。朝廷规定：官六品可得衣食客3人，七八品2人，九品1人；拥有佃客之上限，一二品50户，三品10户，四品7户，五品5户，六品3户，七品2户，八九品1户。

司马炎的本意，或许是想给贵族、官僚们在"占田"和"奴役人口"两个业务领域的疯狂举动，泼一瓢凉水，下一剂猛药，遏制其崩云裂岸之势。但显然，他有点理想化了。在距今近2000年前的西晋，聪明的人们就已经悟出了"谁老实谁吃亏"的千古铁律。事实上，封建社会里，都是官家与富人首先藐视并践踏规矩的，穷苦人身上尽管也不乏劣根性，但通常是被逼无奈之下，才简单地耍一点小聪明的。

晋武帝司马炎呀，你的改革是好心。虽然有些理想化，俺们穷人不怨你。可恨那些臭官僚，还有贵族一大群，龇开大牙哈哈笑，光占改革的便宜。

# 肉　糜

提要：你阴俺狠，尔虞我诈，流血牺牲，杀人如麻，这些是人祸。再加上乱凑热闹的天灾与瘟疫，西晋王朝的粮食事业，受到了剧烈挫伤。有一支歌幽幽唱道：爸爸，哎，吃饱肉糜皇族干什么呢？杀人；妈妈，哎，饿坏了的农民怎么办呢？流亡。

司马炎死后，次子司马衷继承帝位，改元永熙。这小子9岁当皇太子，31岁登基，貌似仕途顺达，谁知却是个缺心眼的傻帽，除了吃喝玩乐，啥正事也不懂。据古书云，有一天，太子司马衷到华林园逛游，耳边响起蛤蟆声，就问："亲，这吐槽的蛤蟆，怎么叫得这般凄惨？它们到底是为官而叫，还是为私而叫呢？"众下属听了直欲喷饭，纷纷捂着拼命憋笑的嘴巴，如此过了小一会儿，这才强装严肃答道："回太子的话，也许可以这样认为，在官的地盘上叫则为官，若在私家领域叫那自然便是为私啦。"如果放到今天，司马衷这样的人大概连媳妇也难找；至于工作，城肥队的掏粪工岗位估计都轮不到他。叫这样的人当皇帝，简直滑天下之大稽，可事实偏偏就这样幽默地发生了，您不服还真不行。司马衷世袭接班后，除了在龙椅上发呆，就是发呆在龙椅上。西晋王朝在他手里，眼看要像一块软豆腐一样稀里哗啦地碎掉了。这咋能行？只好暂请太傅杨骏辅政。

在皇帝岗位任职不久，可爱的司马衷便抛出了一句千古名言："何不食肉糜？"这短短五个字，自打惊艳出炉之日起，便披荆斩棘，势如破竹，穿透重重岁月，击中每一个智力正常的中国人的笑穴。事情的经过是这样的：有人奏报说，政令不行，生产凋敝，饥荒频发，致使百姓挖草根、煮树皮，甚至吃观音土，有的饿死，有的饿昏，各级官吏不管不问。衷哥听了吃惊地问，既然没有粟米可吃，那为啥不喝点肉粥呢？晋惠帝胆敢这样光天化日地屡屡客串"著名笑星",注定难逃傀儡的屈辱命运。他老婆贾南风,很丑很不温柔,权欲冲天、荒淫凶残,还是个大大的醋坛子。一个规律是,残忍怨毒的女人,往往在某种时机成熟之前,是相当能忍的。于贾南风而言,欲望的岩浆时时在体内翻腾,妒而悍的性格,简直要将她烧成火焰山。当老公终于熬成皇帝,仅仅按捺了一年之后,她便隆重出手了。先是把司马衷的弟弟——性子暴烈、有勇无谋的楚王司马玮,从湖北荆州密召至京城洛阳,诱骗他乘夜击杀了辅政杨骏。著名的"八王之乱"(汝南王司马亮、楚王司马玮、赵王司马伦、齐王司马冏、长沙王司马乂、成都王司马颖、河间王司马颙、东海王司马越)由之拉开帷幕。

　　从来统治集团内部的争夺杀伐,都是一片丧失人性的血雨腥风。政治不是花前月下,官场甭想天蓝云白。司马衷、司马玮哥俩,都吃了脑子简单的亏,共同成了贾南风的凶器。尤其是小叔子司马玮,在嫂嫂指挥下杀来砍去,最终反以"擅杀"罪获诛。如愿夺得大权的贾南风,生活作风甚不检点,经常四处搜罗健美少男,恣意寻欢。女人可以过分一点,但不能过分得山呼海啸。最终贾皇后被赵王司马伦捕杀,为自己画上了并不圆润的句号。公元306年,东海王司马越毒死惠帝司马衷,另立司马炽为怀帝。持续了16年的"八王之乱",终于告竣了。

　　你阴俺狠,尔虞我诈,流血牺牲,杀人如麻,这是人祸。再加上乱凑热闹的天灾与瘟疫,西晋王朝的粮食事业,受到了剧烈挫伤。有一支歌幽幽唱道:爸爸,哎,吃饱肉糜皇族干什么呢?杀人;妈妈,哎,饿坏了的农民怎么办呢?流亡。

　　孩子,光盘行动效果怎么样啊?很好。我们一起省下粮食运到西晋去。

# 五　胡

提要：北方少数民族匈奴、羯、氐、羌、鲜卑，史称"五胡"。原本他们游牧于塞外，饥来吃肉，渴则喝奶，不关汉人屁事。但到了魏晋时期，他们中的一部分不安分者，想偷尝一把农耕文明的鲜果，便趁某次出差之机，留居内地了。

西晋国祚51年，一共换了4任皇帝。其中，晋武帝司马炎执政25年，惠帝司马衷执政16年，怀帝司马炽执政6年，愍帝司马邺执政3年，似乎有一届不如一届的意思。其实，皇帝也不是那么好当的，尽管有"四美四多"（美食多、美宅多、美车多、美人多）可供恣意享受，但太美太多也就腻歪了。最令人不安的是，这边你在龙座上吃香喝辣、颐指气使，下面不知有多少饿狼似的目光，自四面八方会聚而至。稍有点不小心，或许就"城头变幻大王旗"了。所以，我总结，不傻不呆不疯不癫的皇帝，每天都要心惊肉跳一小会儿。果不其然，历史上，有的皇帝很忧伤，有的皇帝很仓皇，有的皇帝很虚弱，有的皇帝很迷茫。不信你瞧，当"五胡乱华"的时候，整个西晋王朝的小心脏，慌张得都快要跳出胸腔了。

北方少数民族匈奴、羯、氐、羌、鲜卑，史称"五胡"。原本他们游牧于塞外，饥来吃肉，渴则喝奶，不关汉人屁事。但到了魏晋时期，他们中的一部分不安分者，想偷尝一把农耕文明的鲜果，便趁某次出差之机，留居内地了。这有点像现在的裸官，搭乘出境考察之航班，永远不理亲爱的祖国了。

胡哥胡姐定居内地吃馍喝粥，要说也没啥。但那些汉族官员们，逐渐发现这帮子骑马射箭散漫惯了的家伙，整日价叉着罗圈腿，仰着个脸，肆意妄为，不大服管。为了更好地控制他们，也为了补充中原的劳动人手，官员们连哄带吓、吆五喝六，甚至诱引、强迫更多"五胡"内迁。于是，羊群一样涌动的草原儿女，怀揣着"中原梦"投入黄河母亲的怀抱。孰料等待他们的，却是官僚、地主们残酷的剥削和奴役。他们翕动着干裂的嘴唇，与畜生官员拉歌："你是不是让我在太阳下低头，流着汗水默默辛苦地工作？""你必须在太阳下低头，出力流汗还得不到报酬。"

"八王之乱"期间，胡人们没能逃脱被抓壮丁的命运。对于打啊杀啊，他们非常不乐意，缺吃少喝，更是让他们痛苦不堪。某个月黑风高之夜，他们伤痕累累地围坐在篝火旁，嚼着一点儿发霉的干馍，思来想去，只有起义一条路。

说起义为了粮食，有失客观，但粮食肯定是起义的重要目的之一。公元294年至296年，匈奴人在谷远（今山西沁源）、氐和羌族在关中，足有数十万人，正式而隆重地起义了。5年之后，一个叫李特的巴族人领导一众兄弟大败晋军，占广汉，围成都。后来他战死了，再后来，其子李雄攻下成都。公元306年，李雄称帝，国号大成。

义旗四起，战火熊熊。湖北、湖南的蛮族，河南南阳的流民，都纷纷干上了。最厉害的是匈奴贵族刘渊，起兵没几年，就在今山西临汾称帝。刘渊死后，他儿子刘聪继位，并于公元311年，派族弟刘曜攻破洛阳俘获了晋怀帝，之后晋人拥立司马邺继位，迁都长安。

可恨刘曜这厮，在烧杀抢掠之后，剩勇追穷寇，撵到西安抓了愍帝司马邺。这西晋啊，算是彻底结束了。而此时东晋王朝的曙光，正在南京冉冉升起。

# 南　渡

提要：建兴四年（公元316年），西晋王朝哗啦啦似大厦倾，被以司马睿"同志"为首任皇帝的东晋政权隆重替代了。在这狮子劲舞、喜酒沾唇的当儿，我们权且相信，司马睿"同志"定能深孚众望，把粮食事业抓得呱呱叫的。

南京的鸭血粉丝汤我吃了没啥感觉。事实上，南京的整体饮食我都觉得乏善可陈。那种稀溜溜、黏糊糊、不咸不淡，与北方厚道筋劲的面食比起来，实在相去甚远。总之，我这个来自黄河岸边的中原人，在这座长江南岸的六朝古都，没能找到吃喝快感。南京的面条半生不熟，嚼起来像塑料，南京的蟹黄包子也不好吃，南京的大米在黄河水喂出来的"原阳大米"面前相形见绌。反正在我看来，南京是一座缺滋少味的城市。

尽管"粮食属性"差了些，却并不妨碍西晋时期的中原人成群结队地往南京跑。迁延16年的"八王之乱"，就已经让大伙儿吃啥没啥了，更何况永嘉四年（公元310年），胡人刘曜洛阳屠城，血流漂杵，火光冲天，此起彼伏的尖叫声，据说比现在酒吧歌房里传出来的厉害多了。这种情况下，西晋官民们恨不得造一架直升机逃离险境哩。他们朝着东南方向，走啊走啊，走过了不少年华，总算奔命到了南京。这南京龙盘虎踞呀，孙皓和诸葛亮都来过，这地儿准没错。本次咱们集体仓皇流浪，就美其名曰"永嘉南渡"吧。

南京当时叫建业，在一个叫司马睿的男人领导下，紧密团结在朝廷周围。司马睿这家人权力可不小，琅琊王，镇东大将军，都督扬、江、湘、交、广五州诸军事，这些都是他的官衔。

放到现在，这些官衔在名片上一印，那是相当唬人的。由于江南是富庶、安定的鱼米之乡，西晋的官员们都想方设法把自己的子弟、亲属安插过去，弄个领财政工资的公职干干。比如宰相王衍，就任命他亲弟弟王澄为荆州都督，族弟王敦为扬州刺史。对此，我不禁悄然而思：假使自己是王澄，在不干不净地端上铁饭碗之后，会不会在某个百无聊赖的时刻，向纪委的同志们，主动送上一封检举亲哥哥的匿名信呢？除了官员系列，还有士族、大地主系列。这些在北方随便撒野没人敢管的"同志们"，携家带口，连同宗族、部曲、宾客等，向南向南向南，穿过青纱帐，奔向秦淮地。就这样，成千上万的人，或在扬州（当时叫广陵）或在镇江（古称京口），纷纷流徙落户。

不管江南的面食有多难吃，他们也铁定不走了。建兴四年（公元316年），西晋王朝哗啦啦似大厦倾，被以司马睿"同志"为首任皇帝的东晋政权隆重替代了。在这狮子劲舞、喜酒沾唇的当儿，我们权且相信，司马睿"同志"定能深孚众望，把粮食事业抓得呱呱叫的。

晋元帝司马睿，改建业为建康，作为都城。他比较清楚地认识到，在成功称帝这件事上，王导及其族兄王敦发挥了关键作用，立下了汗马功劳。据消息人士总结，这类人大致有两种下场：要么提拔重用，要么脑袋搬家。王氏兄弟运气不赖，王导荣任宰相，王敦则顶戴镇东大将军，都督江、扬、荆、湘、交、广六州诸军事，江州刺史等一大堆乌纱帽。之所以有如此令人眼红的结果，和当年司马睿在洛阳时，即与王导"素相亲善"并延为高级幕僚等深厚背景有关。

# 祖 逖

提要：祖逖是个好心肠的纯爷们儿。南逃途中，他把车马让给老、弱、病、残、孕，自己却辛苦地低碳步行，所携带的衣物与粮食，也慷慨地与大家分享。

祖逖是个悲剧人物。他性格太刚太直，又碰上了贪图安逸的没种上司，令人扼腕的结局几乎是铁定的。有时候，人生需要点儿圆润度，别把某件事情看得太重、盯得太紧、爱得太深、想得太顺，那样反倒容易盼来个透心凉。考状元是这样，对祖逖而言，收复中原更是如此。

"逖"是"远"的意思，虽然祖老先生离我们远去快1700年了，但他"闻鸡起舞"的黾勉与坚毅、"击楫中流"的雄姿与骨气，依然令没出息的晚辈们动容。说来话长，祖逖原籍范阳遒县（今河北涞水），出身士族家庭。在北方，祖氏算是大姓，逖的父亲祖武，任过上谷太守等官职。西晋太康十年（公元289年），24岁的祖逖被举为孝廉，很快又被举秀才，但都被心志高远的他回绝了。他兴致勃勃地和一个叫刘琨的哥们儿，天不亮就在鸡叫声中起床舞剑。

年轻气盛是优点，但也相当害人。祖逖的短板，就是太把自己当回事了。自我欣赏倒也没啥，一股子傲慢写满脸庞就有可能会吃亏。

刘曜攻陷洛阳后，祖逖率亲族邻里数百家，混在"永嘉南渡"的人流里，避乱至泗口（今江苏淮阴北）。祖逖是个好心肠的纯爷们儿。南逃途中，他把车马让给老、弱、病、残、孕，自己却辛苦地低碳步行，所携带的衣物与粮食，也慷慨地与大家分享。

无从揣测，当年祖逖路上的粮食都有些啥，是大葱卷饼，还是水蒸馒头？总之，我想他们应当吃得很香，因为当时有口吃的已经不错了，更多的是眼巴巴地看着而只能干咽唾沫的难民。由于祖逖确实是个人才，被镇东大将军司马睿就地任命为徐州刺史，不久又调到镇江，提拔做军谘祭酒。

在体制内吃香喝辣地当官有啥不好，偏偏这祖逖一心要从胡人手中夺回中原。小祖呀，这是你应该考虑的事吗？堂堂司马睿大都督还不管呢。还真是，司马睿只想保江南，篡大权，北国风光被狗吃了他也不心疼。经不住祖逖反复唠叨，司马大人突然微笑绽放在两腮，用一种欣赏而鼓励的语气说：好兄弟，俺就是喜欢你这种爱国情怀、民族气节，大胆地北伐去吧，让你当奋威将军、豫州刺史。这不，还有千人的口粮和3000匹布，聊作军用物资，不够的话尽管再要。什么？卒与兵器，哎呀，这个真不巧，咱这边供不起呀。自己招兵买马咋样？我相信你有这种白手起家的能力！

西晋永嘉七年（公元313年），傻傻的祖逖，领着当初随自己南逃的那部分人马，从今天的镇江市渡江北上了。船到中流，47岁的祖逖面对浩浩长江水，不觉豪气陡生。只见他擎起又粗又长的桨楫，在浪花飞溅之中，将船头敲得梆梆响："我要是收复不了中原，就像这江水一样永不回头！"迨及江北，祖逖铸兵器，招士卒，忙得不亦乐乎，队伍很快扩张到2000多人。他于是挥师今河南地区，大破后赵石虎之军5万余人，又连破石勒军，收复了不少失地。

正当祖逖打算乘胜追击北渡黄河时，担心他"蛋糕做大"的司马睿，派来一个叫戴渊的军官来到军中。不消说，姓戴的任务就是专门找碴。阳谋的祖逖、刚硬的祖逖，一天天被"阴图之"，最终忧愤成疾，死在东晋大兴四年（公元321年）的雍丘（今河南杞县）。北伐被硬生生地掐止了，收复的土地又陆续被夺了回去。司马睿的龙椅坐稳了，祖逖坟头的荒草在凄风中摇曳。长江明月，黄河繁星，人生如梦，啥也别说。

# 桓　温

提要：祖逖与桓温的故事告诉我们没有收复不了的失地，只有自骗其身的昏君！桓温在漫天夕照之中的一声惨笑，更让我们猛一激灵——粮能饱肚，亦能损军，常吃的粮却伤你最深。

"貌同符子奇而伟，痴共长康雄且深。"这是我才写不久的一首七律的颔联，其中"符子"便是桓温的字。桓氏是东晋杰出的军事家，也是著名权臣。其貌异常：奇骨、碧眼、猬须、面有七星。用咱老百姓的话说：一看就不是个善茬。

桓温是谯国龙亢（今安徽怀远）人，青少年时期便好侠义、喜交游，18岁时亲手杀人为父报仇，野胆冲天，非寻常宵小可比。后来，他积极主动地与庾翼攀上了关系。庾乃东晋名将，书法上更是曾与王羲之齐名，有才有势，自不待言。桓温富谋略，有眼色，估计嘴巴也甜，博得庾翼欢心是意料中事。庾翼一高兴，引荐他做了晋明帝司马绍的女婿，并任琅琊内史。做了皇帝的女婿，这下可不得了，桓家祖坟冒青烟喽。

与祖逖一样，桓温的名声也受惠于"北伐中原"。所不同的是，祖逖耿直、单纯、刚毅、感性，而桓温深沉、阴郁、狠辣、机警，略有孟德遗风。我由衷地羡慕桓温，做梦都想成为他那种风格的人，结果却画虎不成反类犬地归到了"祖逖"行列。

造化弄人，秉性天定，命运密码岂可如橡皮擦字般轻易修改？奈何！娶了南康长公主为妻之后，桓温仕途一路绿灯，曾任都督，督荆梁四州诸军事，还任过荆州刺史等职。东晋永和三年（公元347年），他率军入蜀，灭了巴族人李氏的"成汉"（十六国之一）政权，声威由是大振。

永和十年（公元354年），雄心勃勃的桓温开始了首次北伐，连破前秦景明帝氐族苻健之军,直杀到西安旁近。当地汉民见到久违了的"娘家军",激动得泪花儿翻滚,纷纷献牛与酒,迎温于路,争相馈赠、犒劳他。尤其是那些六七十岁高龄的老人,说着说着,干瘪的嘴唇儿一抖就哭了:"真没想到今儿个又见到咱亲人的军队呀,桓将军您贵姓啊?"这些老人都高兴糊涂了。

"军民鱼水情"的场面尽管感人,却没能持续下去。为啥呢?粮食问题。打仗可不是闹着玩的,香喷喷的馍菜汤养人,软绵绵的草料儿喂马,粮草供给大于天呢。恰恰在这个节骨眼上,晋军严重缺粮了。桓温来回踱步、心急如焚,能想到的招儿都用了,大米白面哎,却还是没消息。眼睁睁看着长安这块流油的肥肉就在嘴边,却咋都叼不住!算了,撤吧,返回襄阳,再延误下去,小命儿都要报销了。

第二次北伐发生于永和十二年(公元356年)。桓温击败了年仅25岁、"雄武多才艺,明察善抚纳"的羌族贵族姚襄。

北地胡人中,并不都是粗声大嗓的武夫,似姚襄此等英伟特出之才,不说很多,也绝非鲜见。桓温这回一鼓作气收复了洛阳,并强烈建议晋穆帝司马聃还迁旧都。可在偏安江左、脑满肠肥的贵族官僚们看来,老桓很可爱,提案很可笑。等他在叹息声中回返江南之后,自己拼力夺回的北地,又幽怨地扑入了胡儿的怀抱。

桓温的最后一次北伐发生于太和四年(公元369年)。恒温大破前燕,进抵枋头(今河南浚县),孰料又在粮食上栽了跟头。

得到前秦支援的前燕,截断晋军粮道,逼其仓皇退兵。可怜桓温复遭追杀,死3万余众。

祖逖与桓温的故事告诉我们没有收复不了的失地,只有自骗其身的昏君!桓温在漫天夕照之中的一声惨笑,更让我们猛一激灵:粮能饱肚,亦能损军,常吃的粮却伤你最深。

# 淝　食

提要：晋军美食暖腹，勇追穷寇，比较轻松地打赢了著名的淝水之战，收复了徐、兖、青、司、豫、梁六州，杀了苻融，又把苻坚兔子一样撵回了洛阳。

我对前秦的最初印象，源自《广武将军碑》（又名《符秦建元四年产碑》）。这块灰头土脸的丑陋石刻，据说原本在陕西白水县仓颉庙，1971年移藏西安碑林。我几年前游碑林，发现它很落寞，个子不高，獐头鼠目，身上有不少疤癞，字还非隶非楷、七歪八扭地像人喝醉了酒或士兵打了败仗一样。和那些魁梧挺拔、端庄雍容、铁画银钩的颜柳欧虞之碑比起来，它简直就是个"屌丝"。而我，却为那些"溃不成军"的字儿，激动地围着它转了好几圈，并深情凝视之。

《广武将军碑》乃前秦碑刻。前秦是五胡十六国之一，由氐族人苻健所建，首都在今西安。据了解，这是我神州大地上第一个统一北方的少数民族政权。历史再一次雄辩地证明，只要你貌似野蛮地敢打敢杀、敢撒泼耍二不要命，就很有可能独霸一方。以前秦为例，统一中国北方的时候，是公元382年一个铁蹄拉风、汗血如雨的马年，其疆域"东极沧海，西并龟兹，南苞襄阳，北尽沙漠"，大得令人瞠目结舌。如斯规模与气魄，除了把江南的东晋皇帝吓得哆哆嗦嗦，就是让一个小名叫"坚头"的人越发傲气十足。

"坚头"即苻健之侄苻坚，是位智勇双全的前秦皇帝。坊间传说他幼时在街头玩耍，被算卦的判为大贵之相。事实上，这种扯淡版本，都是他登基之后编出来的。吾国一向有"一俊遮百丑"之传统，你只要弄成事了，此前的所有过程都将镶金嵌玉。苻坚就这样被米汤灌晕了，东晋王朝在他眼里,大概连个屁也算不上,一根小拇指就横扫了。于是,在统一北方的次年,他便急不可耐地调集80万精兵挥师南下,誓让"钟山风雨起苍黄"。苻坚仰着高傲的头颅对士兵们说,咱百万雄师,只消把马鞭投入长江,就能成功实现截流,东晋的皇亲国戚们就等死吧。

　　苻融是苻坚的弟弟,领命率前锋25万人,很快就攻克了寿阳(今安徽寿县)。这儿八公山下的豆腐不错,据说创自刘邦之孙淮南王刘安。此外,还有寿霍黑猪和皖西白鹅,不知道苻融他们尝了没有。这边前秦战鼓一擂,东晋方面赶紧派出谢安任迎战总指挥。却说这谢安,籍贯陈郡阳夏(今河南太康),是有名的政治家和军事家,官至宰相。他让弟弟谢石为征讨大将军,侄子谢玄为前锋都督,领兵8万击前秦,同时令将军刘牢之以精兵5000袭梁(今安徽怀远)。

　　晋军很争气,初战告捷,歼敌15000人,夺获大批粮草。不管是鸡蛋捞面还是粉条炖肉,总之热乎乎的熟食落肚,大伙儿都来了精神。圆圆的明月升起来了,帐营里吼起了"咱当兵的人,就是不一样"!接下来,谢玄乘胜进军淝水东岸,打算与西岸的苻融好好干一仗。自从改善伙食之后,谢玄心眼儿也见长。他要了个小花招,向秦军传信说,如果他们愿意稍微后撤,那自己就渡水到对岸决战。苻融听了暗喜,打算趁晋军至水中央时,全歼之。孰料秦军多半为被强征作战的汉人,厌战已极,甫一退,即大乱,奔逃溃散,自相践踏。晋军美食暖腹,勇追穷寇,比较轻松地打赢了著名的淝水之战,收复了徐、兖、青、司、豫、梁六州,杀了苻融,又把苻坚兔子一样撵回了洛阳。

　　在淝水之战庆功会上,晋军肉山酒海地放开"腐败",却始终没找到战争中大快朵颐的感觉。为什么呢?答案很简单:人都爱吃贱食。

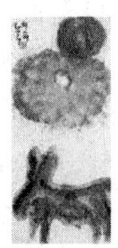

# 侨　　置

提要：他们开动脑筋，捏弄出个"侨置"的概念。说白了，就是在侨人集中之地，设置与其原籍同名的州、郡、县及其行政机构。

小满刚过没两天，天就热得不行。天热了吃啥都没胃口，除了西瓜。但西瓜还未到最爽美之时，瓜车子在城市街头就冒出来了，西瓜青青涩涩，买瓜人稀稀拉拉的。就像那些乡间田垄里的夏熟作物，籽粒虽然因灌浆而渐趋饱满，但距离成熟尚欠火候，毕竟还只是"小满"而非"大满"啊。

西瓜吃多了也不好，舌头甜腻得容易发啥，肠子里也咕咕噜噜地叫，如骡马巨饮之后。这当儿，我忽然醒悟，杜甫"劝客驼蹄羹，霜橙压香橘"（《自京赴奉先县咏怀五百字》）的句子中所散发出来"山珍海味"气息儿。其实也没什么好羡慕的。不就是骆驼蹄熬的羹汤吗？不就是被霜打之后甜得起腻的橙子吗？对唐明皇和杨贵妃他们而言，或许尝那么一点儿就放下了。之所以被老杜写得那么妙不可及，完全是因为当时他正奔走在天宝十四年（公元755年）严冬的探亲途中。

穷困冻饿之人，休说肉汤与金橘，一碗普通的鸡丁刀削面就能催下感激的热泪。在粮食面前，人是脆弱的；在肠胃面前，谁都毫无尊严可言。

伟大诗人老杜，纵然在刺骨的寒风中匆匆赶路，也不过是从今天的西安到蒲城县而已，很容易就划入省内近距离移动的范围中去。而自"八王之乱"到西晋灭亡以后的数十年间，跨省南逃的人们却成群结队。从我们的"诗圣"受冻往前推四百多年，包括交通工具在内的整体社会物质水平，定然与盛唐无法比肩，那么，"永嘉南渡"的人流中，又有几多被历史的烟尘所永远遮蔽的饥肠辘辘、痛不欲生的故事呢？在兵燹丧乱之中，中原地区的大批人口，向东南方向逃亡。据某机构统计，仅登录于官方户籍的，就有七十多万人。

　　还有好多未登户籍、被大地主控制而沦为私家奴隶的，命运更是凄惨。此外，另有一部分漂流不定的"浮浪人"，无户籍，也不做奴，在江南像风儿一样四处游荡。总之，上述这些南徙的北民，都被唤作"侨人"。不用问，客居异乡的他们，肯定是熟人自然凑堆，形成一簇簇群团组织。而那些有钱有势的士族、地主们，用一些连哄带吓的手段，陆续成了侨人的首领或主人。

　　这些嗓门高、腰包鼓的"侨首"，有江南本地的吴姓士族，也有外来的侨姓士族。对他们而言，谁拥有的侨人多，谁的腰当然就更粗。为了能够更方便地吃香喝辣，他们相互拆台子，捅刀子，斗来斗去。眼看着侨区闹得乱糟糟不成体统，东晋的统治者心里像被驴踢一样不是滋味。他们开动脑筋，捏弄出了个"侨置"的概念。说白了，侨置就是在侨人集中之地，设置与其原籍同名的州、郡、县及其行政机构。比方，你们一众，老家是江北徐州的，那在现居地京口（今镇江）就再弄个"徐州"出来；那群大哥大嫂来自山东，就在眼下落脚的江乘（今江苏句容）设立"琅琊郡"与"临沂县"。人在江南，却住"老家"，真是诗意的栖居呀。

　　因自幼寄养舅家而得小名"寄奴"的南朝宋武帝刘裕，祖上便是从徐州迁居镇江的。这是个好斗而又善斗的主儿，富有进攻性。事实上，天生的军事家莫不如此。当皇帝之前，眼见祖逖、桓温等北伐相继失利，刘裕就一路拼杀，收复青、徐等州，并在收复的青、徐等州名前加一"北"字，以区别于江南的相应侨置地。等到做了"南朝第一帝"，他又取消"北"字，转在侨置地名前加"南"。这般颠来倒去地折腾个没完，在广大侨人看来，皇帝或许像个吃饱了撑的小神经一样哩。

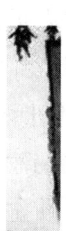

# 土　断

提要：结果证明，土断成效喜人，户口多了，赋税大增，帝心甚慰，御膳房的菜谱立马添了不少新花样。

北方的人流徙到南方定居，情绪上或许不会太畅快。就像一棵原本长得好好的树突然被连根刨起来一样，即便是从穷乡僻壤移栽到城市的公园，它也不见得高兴到哪里去。背井离乡的感觉，大概是谁都不乐意品尝的。

辗转使人困倦，陌生使人不安，拒斥使人脆弱，边缘使人自卑，而一切坏情绪的总和势必要使一次漫长的迁徙变得残阳如血般悲情。两晋之际发生的"南渡"现象，不由让我们对家园、人性等看似寻常的概念有了更深的思索。

以北人的原籍地名，加一"南"字，来命名他们的江南聚居地，这种做法史称"侨置"。比如，徐州人在南京的驻地，唤作"南徐州"。东晋设侨置，本来是一种临时措施，孰料倒引发不少麻烦。首先是版图混乱：你这一撮人组成"南徐州"，俺这一帮子就叫"南青州"，他们一伙儿却是"南涿州"，一时侨置郡县林立。并且，往往一个"南徐州"里混居着青州、沧州、兖州等地来的流民，如此愈加错综紊乱。那时候又没什么"暂住证"政策，管理工作很是令人头疼。据保守统计，仅在今江苏南部一带，就有侨郡33个、侨县75个。大家伙儿各自亮出了家乡美食，山东大嫂亮出了煎饼卷大葱，洛阳老妈亮出了牛肉汤，郑州伯伯的滋补烩面，河间爷爷亮出了五香驴肉。大家你吃我的，我吃你的，彼此尝尝，相互赞赞，瓢勺叮当，觥筹交错，一齐坠入粮食所带来的无穷快感中去。

另有一个问题是，即便在侨置郡县中，住的也不全是侨人，江南土著颇喜欢往里钻。而那些非侨置郡县，也入住了不少侨人。这真是乱得不轻，治安案件大概时不时就会跳出来扮个鬼脸。还举南徐州为例，此地总人口42万，侨人22万，土著20万，几乎要平分秋色。在景色旖旎的江南，侨人像逐水草而居的马上民族一般，窜来窜去，经常流动，欢实得很。他们背着干粮，呼吸着湿润温软的空气，嘈杂着硬撅撅的北侉子方言，回味着裤带子一样又宽又厚的面片在唇舌齿缝间所留下的筋道味儿，压抑不住迸发出快乐的傻笑声。

　　侨人流动性强，侨置郡县也不得不随之时常改变，这有点像耗子打洞，也类似猴掰棒子，也许意在追求某种浮浪美。此外，他们还享受免除租税徭役的特优待遇，这可太让人眼馋了。有美色就会有流氓，有实惠注定少不了魔爪，士族地主们纷纷动起脑筋，乘机广占田地，大量隐瞒户口，贪享侨置郡县及侨人的特殊政策。这等空子谁都会钻，不钻白不钻，钻了不白钻，群起仿效，趋之若鹜，时日既久，国家财政收入及徭役征调自然大受损折。

　　这脓疮不戳破看来不行了。晋成帝司马衍（公元325～342年在位）时，便使出了"土断"的撒手锏。所谓土断，就是决绝废除侨置，把侨人户口编入所在郡县，千头万绪快刀一斩。到哀帝司马丕兴宁二年（公元364年）三月，又大规模"土断"了一回。此次行动由桓温主持，严查户口，直接揪出隐瞒不报的豪族地主，扇耳光，踹屁股，罚银子，手段相当强硬。结果证明，土断成效喜人，户口多了，赋税大增，帝心甚慰，御膳房的菜谱立马添了不少新花样。

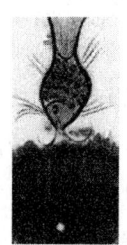

# 王　谢

*提要：人一旦骄奢成性，私欲便会如山崩海啸。王谢这帮混蛋，不单抢占田地，还要封山涸泽，一统江湖。*

"旧时王谢堂前燕，飞入寻常百姓家。"这是唐人刘禹锡七绝《乌衣巷》中的名句。癸巳年（2013年）春，我远赴南京，找到秦淮河畔东晋王导、谢安的高门府第，寻幽访古，不禁长吁短叹，末了，花10块钱吃了一纸碗"鸭血粉丝汤"。时光是挡不住的飞贼，转眼芒种擦肩而过，端午节逼到鼻尖。在中原盛夏的梧桐浓荫里，我不无忧伤地忆起乌衣巷口于青石镌刻的毛泽东草书刘禹锡诗手迹，以及王谢古宅旁那一树灼灼的桃花。我生怕岁月无情，明销暗蚀，它们沧桑了容颜、寂寥了心绪。而事实上，又有谁能阻挡得了这一切"衔枚疾走"般地上演呢？至少依我眼下的感觉，南京是一座不靠谱的城市。六朝更迭不说，南明与民国政权惊鸿照影似的命运，即令人陡生触手可及的痛切。我们可以暗恋南京，但不能将金玉之体轻率托付，也许要候到硕果累累的金秋，这颗心儿才能笃定。这就像东晋的地主大家族，大概怎么也不会想到数百年后，在刘禹锡的诗句中，他们被描述得竟是这般凄凉索寞。

据保守统计，当时比较闻名的大士族、大家庭，至少有数十个。其中侨姓以王、谢、袁、萧四家为代表，本地突出的有朱、张、顾、陆，而王、谢则又卓然冠乎群伦。中国人向来有"掐尖儿"关注的心理惯性，刘禹锡的诗便是明证。一个"王谢"组合，使其余六大家族以及之外不知凡几的豪门，在焦点周边黯然神伤或愤懑难平。

王、谢等八家，尽管业大声宏，却都不是什么好东西。他们在政治上把持军政大权，经济上疯狂抢掠土地，玩命地盘剥、奴役亲爱的劳动人民，是绝不会有好报应的。对于这些豪门而言，田产万顷、僮仆千人、奴婢如流，是稀松平常的现象。人一旦骄奢成性，私欲便会如山崩海啸。王、谢这帮混蛋，不单抢占田地，还要封山涸泽，一统江湖。老天爷造的江河湖海，竟然都成了地主家的。草民百姓想钓一条野鱼，炖一碗鱼汤，补一补憔悴的身子，最好行踪隐蔽点儿。若不小心被发现，不光纶呀筌呀等鱼器被劈面夺走，还得包赔数量不菲的财物，否则难以脱身。

你总算弄明白了，跟东晋的门阀士族们根本就没道理可讲。江南人谁不爱吃条鱼呀，鱼肉细白，视觉性感，味道鲜美，除了有刺，没啥缺点。鱼谁不会钓啊，关键是不允许你钓。汤谁不会煲啊，关键是没鱼咋煲？瞧瞧，人家王、谢的田庄别墅，在南京周边及东南诸郡，像蜂巢一样密布。别管房价高得如何离谱，可人家买得起呀。人家有的是钱，有的是田，有的是湖，有的是鱼。平民百姓有啥呀，家徒四壁，赤贫破产，只好跪下自己尊贵的双膝，哀求成为人家的佃客、部曲或奴仆。部曲是什么？就是人家豢养的家兵、私兵呀，和现在的保安、打手、私人保镖一个概念。明白了吧，也服气了吧，人家的奴仆成百上千、成千上万，像鸡群、鸭群、鱼群一样挤挤挨挨。弄死一个不懂事、不听话的下人，根本不算回事。

如今看来，刘禹锡幸好生在唐朝，不然写这么一首歪诗，惹王老爷、谢老爷们不高兴了，只需那么一努嘴儿，一群部曲便捋袖子奔到，踹死、掐死、乱棍打死，还是阉了？诗人刘，你自己选吧。

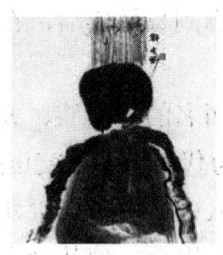

# 偷　米

提要：官僚、贵族们除了吃喝嫖赌，还学会了偷，连国家储备的军粮也敢下手。除了偷粮食，他们还加重徭役和赋税。这样一来，田连阡陌的大地主们笑逐颜开，贫苦的劳动人民却眉头皱得能拴住一头疯驴。

一个几乎每天都要吃大米，却连水稻为何物都不知道的人，能当皇帝吗？司马昱以自己的亲身经历，出色地回答了这个貌似神经的问题。在成为皇帝之前，司马昱钟鸣鼎食、酒色笙歌、谈虚论玄，是一个做啥都嫌俗、啥事也不屑于知道的"风雅"皇族。东晋的官僚士族们，消极腐朽得很，不是喝酒吃肉，就是游玩泡妞，说着成堆的废话。当时流行的所谓"玄学"风，谁最神经兮兮，谁就最光荣。昱哥是晋元帝司马睿之子，"玄界"众人敢不捧着？所以你递上个粮食问题，他大概连眼皮都懒得抬一下，肥唇轻启：稻子，是哪门子草啊？司马昱籍贯河南温县，生于南京，统共活了53岁。他爸司马睿，乃东晋开国之君，厉害。他妈郑阿春，老家河南荥阳，出身官宦家庭，头一个老公姓田，俩人育有一子。老田好像没几年就死了，死因待考。阿春守寡，投奔在濮阳的舅舅。恰好那几年，司马睿的原配王妃、35岁的虞孟母病逝，司马睿又被晋愍帝擢升为丞相、大都督，管理中外诸军事，于是决定再娶新妇。经人介绍，他先是选中了阿春舅舅的女儿吴氏，也就是阿春的表妹。

吴姑娘听说要嫁上高枝，大概兴奋得酒窝乱颤，就约寡居的表姐游园取乐。孰料乐极生变，姐妹俩的言行举止不慎被一个长舌男（或长舌妇）偷窥了。紧接着，小报告打给了司马睿：丞相啊，据奴才观察，那吴小姐娇生惯养、自私自恋，要啥没啥，脾气极大；而阿春，尽管有短暂婚史，还带着孩子，却德色双全、贤良温柔，下得厨房、上得厅堂，素娴礼仪、落落大方，并且看她身材易生男孩。

于是，司马睿临幸阿春，的确很称心，遂断然本着"爱情至上"的原则，在建武元年（公元317年），正式将其纳为琅琊王夫人。婚后，这对半路夫妻生下两男一女，其中司马昱排行老二。郑阿春的故事告诉我们，缘分纯属天定，婚姻需要经营，打铁还须自身硬，嫁好全靠德为先。哪怕装，女人也要装出一副很懂事、很勤快、很体贴的样子，光凭撒娇，还是不够的。

再说司马昱，看上去挺"玄"，实际很可怜。皇帝是当上了，却只干了两年就病死。坐了龙椅本当欣喜若狂，为何会重疾加身呢？我想，可能与其"傀儡"属性有关。登祚之后，他名为皇帝，朝政却被桓温把持，啥事自己说了不算，心情定然郁郁。另外一个我所杜撰的无厘头缘由是，纵然不认识稻子，也别明目张胆地说出来，这不，触怒了"粮食神"，连小命也呜呼了。

司马昱驾崩，司马曜继位，是为晋孝武帝。这时候，整个东晋统治集团又黑又狠，极尽贪污、剥削之能事。官僚、贵族们除了吃喝嫖赌，还学会了偷，连国家储备的军粮也敢下手。也许在他们看来，偷个百十万斛白花花的大米，很轻松，很随便，反正皇帝也不敢吭声。除了偷粮食，他们还加重徭役和赋税。太元元年（公元376年），收租改计田为计人，不管有无土地或土地多少，每人一律纳税米三斛，后来又增至五斛。这样一来，田连阡陌的大地主们笑逐颜开，贫苦的劳动人民却眉头皱得能拴住一头疯驴。至于徭役，也把人欺负得简直要吐血。

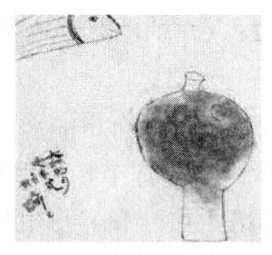

# 孙　恩

提要：吃了五斗米的孙恩，自信心亦大增，自号征东将军。他率群农，像切白菜拍黄瓜一样，结束了许多官僚、士族的性命，纵火焚烧了他们的官府与庄园。东晋方面赶紧派谢安的儿子谢琰前去镇压。

孙恩，字灵秀。孙灵秀，听上去很具女孩子气。可实际上，此人不但是男的，还是个道士兼起义军首领，够让人意想不到吧。起义军首领，殊多英雄气，尽管个中时常掺杂着草莽气。东晋享祚103年。其灭亡前的20余年，变得腐败而又愚蠢、黑暗而又狰狞。可能脓疮之将破，都是这般不可理喻。而孙恩的起义，恰似暴风雨中的海燕，抑或愁云间的迅雷，把整个东晋吓得足足尿了一裤裆。

暮气笼罩下的东晋统治集团，"内讧"反倒愈演愈烈：你踹我一脚，我打你一闷棍；你在我眼前堆垃圾，我就在你门口撒药渣。以王恭为例，此人是皇帝司马曜的大舅子，任南兖州刺史，他看不惯妹夫的亲弟弟司马道子，就联合荆州刺史殷仲堪，与之兵戎相见。按说，一个皇帝的大舅子，一个皇帝的亲弟弟，相互帮衬还来不及呢。可权利场就是这么冷酷，一旦卷入漩涡，人性便会恶化。

王恭、殷仲堪一咋呼，广州刺史桓玄、雍州刺史杨佺期也嗷嗷叫着加入进来，一起进攻首都南京。后来，王恭不小心被弄死了，桓玄吞并殷、杨二人势力，控制了长江中上游不少地方，公然对抗朝廷。随后，连长江下游的江北地区也独立了，朝廷只剩下了东南八郡（会稽、吴郡、吴兴、义兴、临海、永嘉、东阳、新安）。这八郡的老百姓已经被侨姓和吴姓士族榨干了，现在整个东晋的负担又劈头压下，此种局面下的出路很清楚：不革命，就送命。

司马道子之子司马元显,接掌爹权,对东南八郡的农民朋友很不友好,强迫他们到南京当兵。别以为当兵就能够油馍蘸酱地好吃好喝,实际上卑贱如奴婢,大概连地沟油炒的菜也混不到嘴里去。什么?树皮野菜汤?羊屎蛋卷树叶儿权当北京烤鸭?孙恩道长啊,你咋还不来呢,快使个法术,叫司马元显,好好尝尝俺们这几样秘制美食吧!孙恩家里世代信奉五斗米道。他叔孙泰,当过东晋的官,领过公务员工资,还是道教界有名的领导人。五斗米道也叫天师道,相传为张陵(一说张修)所创,凡学道者,须出五斗米,故名五斗米道。我个人很喜欢这个道,只因"五斗米"仨字与粮食有关。五斗白花花的大米,会让饿者之腹咕咕乱叫。孙氏叔侄除了信五斗米道,另有野心。孙泰曾密谋造反,死于司马道子之手。孙恩当然要报仇,于是率领一帮农民,先拿下浙江上虞,又攻破绍兴,杀了我国著名书法家王羲之的儿子王凝之,很出了一回风头。东南八郡以及南京周边的农民,一呼百应,争相投奔,很快聚了几十万人。

吃了五斗米的孙恩,自信心亦大增,自号征东将军。他率群农,像切白菜拍黄瓜一样,结束了许多官僚、士族的性命,纵火焚烧了他们的官府与庄园。东晋方面赶紧派谢安的儿子谢琰前去镇压。在刀刃喝饱了鲜血之后,孙恩退守某海岛将息。隆安四年(公元400年)初,他又破余姚、上虞、绍兴,诛谢琰,复回海岛。次年再出,攻上海,陷镇江,逼南京,眼看要成大事,孰料水上遇大风,只好由扬州北上连云港,为东晋将领刘裕(南朝首位皇帝)所败。两年后,孙恩第四次发兵,不幸又败于浙江临海。可怜的老孙,知道太上老君也救不了他了,便纵身跃入了蔚蓝色的大海。

# 卢 循

提要：建康城外，秦淮河边，两个多月，徘徊不前。起义军的士气一天天消磨，粮食也所剩无几了。吃惯了驴肉炖粉条，总不能突然一家伙换上草根树皮吧。撤吧，别愣着了，南京不是咱的家。卢循一边鼓腮帮子嚼鸡蛋炒糙米，一边幽幽地吼道。

雄性之间的撕咬与搏斗，一比勇武，二比智谋。这方面，鲁提辖的拳头、诸葛亮的脑子，都是男人之极品。东晋末年，一个叫卢循的男人，惧怕一个叫刘裕的男人，怕得心颤，怕得腿软，怕得如鼠见猫。这分怕，硬生生要了老卢的命。

卢循小名元龙，双眼骨碌碌乱转，智商超群，聪敏异常，下围棋、写书法，都是一把好手，称得起"奇逸人中龙"的。想当年，在西晋，卢家列属范阳卢氏，曾是高门甲第、朱户垂帘的大族。但由于降事石赵、南渡较晚等原因，卢家祖孙三代在东晋一直挤不进官场，沦为低等士族。既然混得不咋样，卢循只好嘟嚷着，与自己从来没正眼瞧过的琅琊孙家结亲，成了道士孙恩的妹夫。落架的凤凰不如鸡啊，卢循仰望着弯弯的月亮，揾了一把牢骚泪，咬了几口河间驴肉夹馍。

娶了人家农民起义领袖孙恩的妹子，那就得跟大舅哥闹革命，下棋、书法等闲淡爱好，统统扔一边去。孙舅哥投海死后，卢循挑起了一把手的担子。公元403年，他率军攻东阳（今浙江金华）、永嘉、晋安（今福州），败在东晋大将刘裕的手里。这姓刘的便是后来的"南朝第一帝"宋武帝，骁勇善战，足智多谋，据说是个纯爷们，远非卢循可比。于是，某种被彻底折服之后油然而生的怕意，在这个"起义哥"的脑子里扎下了根。

被"龙势虎志"（桓玄妻刘氏语）的刘裕击退后，卢循在大海上漂啊漂，到了广州番禺，自称平南将军。在鼓起勇气分泌了一些雄性激素后，老卢在广州建立了农民革命政权，还提拔他姐夫徐道覆进入领导班子。圈定了羊城地盘后，卢循贪图安逸、沉溺女色、优柔寡断的毛病开始一天天暴露出来。他在成群的妻妾包围下，完全忘记了自己偏安一隅的现实。甚至在刘裕击败桓玄、权倾朝野之后，还派人到南京送礼，表示愿意臣服，并欣然接受了东晋朝廷赐封的征虏将军、广州刺史等职衔。徐道覆看小舅子这怂包样儿，叹口气，摇摇头，端起一碗酸汤面叶蹲胡同口吃去了。

东晋义熙六年（410年），刘裕北上讨伐南燕。徐道覆觉得机会来了，赶紧把小舅子从鸳帐里揪出来：“女人随时都有，北伐仅此一回，冲啊！”于是卢循率起义军10多万人，分两路出发了。卢循攻长沙，徐道覆取南昌，两路大军长江会师后，顺流东下，直逼南京城。眼看就该朗诵"天若有情天亦老"那首著名的七律诗了，刘裕却在这节骨眼上回来了，驻兵镇江，虎视眈眈。卢循那根"怕"神经，又开始突突跳动了。建康城外，秦淮河边，两个多月，徘徊不前。起义军的士气一天天减弱，粮食也所剩无几了。吃惯了驴肉炖粉条，总不能突然一家伙换上草根树皮吧。撤吧，别愣着了，南京不是咱的家，卢循一边鼓腮帮子嚼鸡蛋炒糙米，一边幽幽地吼道。

公元411年3月，卢循总算脚步踉跄地回到了广州。谁知，羊城也不再是他的窝，晋军的炊烟在暮色中袅袅升起。连打几次都拿不下，老卢无奈向西南方向转攻交州（在今越南境内），也以惨败告终。一刹那，他想起大舅哥孙恩是跳海死的，自己既然是一条"元龙"，也应当终归于水吧。这都是命，他喏嚅着，以湖为镜，整衣冠，理须发，突然纵身一跳，湖面上传来清脆而明亮的"扑通"声。

中国粮油书系第二卷之
水煮粮史(下)

# 第四章

Disizhang

大伙儿荷锄挥铲，选种育苗，防旱保墒，收获了让人做梦都在打饱嗝的大堆粮食。吃，吃呀，吃吧，乡亲们频繁串门，热情地相互劝食。天很蓝，日头很暖，夸赞元宏的民歌，一边跑调，一边传得很远。

# 寄 奴

**提要**：就在他们吧唧着嘴就地取材、打算烙一点"黄土野菜烂树叶素饼"的时候，当地的汉族老百姓们纷纷扛着粮袋子赶来了。一刹那，刘裕热泪滚滚而下，平生头一回悟透了"正义之师"的深刻内涵。

刘裕是个有本事的人，可惜只活了59岁。他小名叫"寄奴"，听起来温暖而亲切。强势的男人，私下里配一个棉花般软和的字、号或者小名，这符合阴阳之道，容易干成大事。这不，寄奴就做了南朝第一帝，尽管龙袍加身只有可怜的不到3年时间。

宋武帝为啥要叫"寄奴"呢？古书上说，在他落地的那天夜里，突然，宅院里到处都是忽忽悠悠的神光。哎呀，妈呀，这孩子不是凡人哪，刘老爹一激动，就为他取名"奇奴"。据历史学家考证，"奴"来自"阿奴"一词，乃是饱含亲昵之意的第二人称代词，多用于长辈呼晚辈。神奇的娃娃，是不是通常都命硬呢？反正，刘妈妈没几年就死了。奇奴被寄养到舅家，从此改叫"寄奴"。

"中国历史上杰出的政治家、卓越的军事家"，是刘裕的身后评。实际上，真正想成大事的人，才不在乎死后的评语呢，重要的是活着的时候尽早披上黄袍。刘裕镇压了孙恩、卢循起义后，还出兵取了祸乱东晋政权、在建康自立楚国的桓玄的首级，重新把被桓玄废黜、吓得体若筛糠的晋安帝司马德宗揿上龙椅，此后刘裕牢牢掌控了东晋的军政大权。

本来元兴二年（公元403年），刘裕即可轻松将傀儡安帝从天子之位上拽下来，但他想了想，还是忍住了。口边的肥肉，是否急不可耐地吞吃，能够检测一个男人的心胸与眼光。曹操当年选择了不称帝，刘裕尽管不如曹操，却也至少选择了不急于称帝。客观地说，他们俩都不简单。等一等，退两步，会给自己留出不少腾挪的空间。

果然，沉渣泛起。义熙元年（公元405年），一个叫谯纵的人，在四川一带搞起叛乱。此人本是东晋的安西府参军，恶向胆边生，杀了益州刺史等多名官吏，占据巴蜀，自称成都王。还向北方的羌族政权后秦投降，打算借势东下，褫夺东晋帝位。谯某人的好日子维持了8年，公元413年，被刘裕铁腕救平。

考究起来，刘裕出身寒微，本是徐州人，后定居镇江。他小时候家里穷，有过耕渔生涯，能够一步步混出来，全靠胆识才干。他纵然当了官，也只是庶族地主的代表人物，一直被高傲的士族官僚鄙视与打压。心里窝着一团火的刘裕权倾朝野之后，立即痛加反击，处决了曾参与桓玄叛乱的镇江恶霸刁逵、谢安女婿王国宝等人物。再后，刘裕还亲率精兵，北伐西征，剿灭了长期为害东晋的南燕（鲜卑贵族慕容氏所立，活动于今山东及河南东部）、后秦（统治区域在今陕西、甘肃与河南西部，建都西安）政权。

有趣的是，在刘裕千里长驱剪灭南燕、后秦的过程中，曾发生过军粮不继的情况。被江南白米与鸭血粉丝惯得胃肠娇嫩的晋军，在北地的干涩与苦寒中，哪里受得了饥肠辘辘的煎熬！刘裕很为难，眉头皱得像麻花，粮食难题如泰山压顶，真是"有粮男子汉，没粮汉子难"啊。就在他们吧唧着嘴就地取材、打算烙一点"黄土野菜烂树叶素饼"的时候，当地的汉族老百姓们纷纷扛着粮袋子赶来了。黄澄澄的小米、雪也似的面粉、热乎乎的玉米饼，全都是免费的，全都是以填饱晋军肚子，好让他们打胜仗为目的的。

一刹那，刘裕热泪滚滚而下，平生头一回悟透了"正义之师"的深刻内涵。

# 和 市

提要：古书载，永明五年（公元487年）的"和市"，是南朝规模较大的一次。该年9月份，萧赜下诏"京师及四方出钱亿万，籴米谷丝绵之属，其和价以优黔首"。

南齐政权只维持了23年就崩盘了。简单研究一下历史上的皇帝，不难发现，往往开国之君既多勇力，又富智谋，进取精神积攒得饱饱的，还懂得"民心难违"的道理，从而励精图治，扎扎实实地做一些事情出来。而其继任者，则通常昏庸腐败、凶残淫逸，亡国之果自必难免。萧齐便是显见例证之一。

萧道成灭刘宋后，成了皇帝。这个皇位来之不易，52岁的萧道成心里，埋藏了太多的刀光剑影、顺逆进退。一个前朝的老臣，坐上了崭新的龙椅，有欣喜，有豪迈，但也不乏惴惴，绝非每夜都是踏踏实实的美梦。萧道成自称是汉相萧何的24世孙，这是他爹萧承之反复告诉过他的，也为《二十四史》所收载。在帝王出身问题上涂脂抹粉，于国人而言，大概是一种固执的惯性。实际上，萧氏先人居今山东省苍山县兰陵镇，西晋末年南渡至现在的江苏常州，后来，东晋在此侨置兰陵郡，称作"南兰陵"。不管是不是祖坟上冒了青烟，反正人家萧道成就是当皇帝的命。

为坐稳江山，萧道成像当年刘裕一样，采取了好多积极措施。比如，继续推行"土断"政策，清理户籍，减轻租税，还严令那些大官们不得圈地建宅、封山禁湖。总之，这些规定都是为老百姓好，事实上也确有效果。可惜的是，建元四年（公元482年），萧道成在皇帝生涯的第四个年头，就一命呜呼了。接班的是大儿子萧赜，是为齐武帝，改元永明。这是个体恤民情的好皇帝，赈济鳏寡贫穷，大赦囚犯，奖励农桑，减免租税，还很注意与邻居北魏搞好关系。可以说，萧赜在位11年，基本上是对得起良心的。

　　这里要谈一点粮食话题，牵扯到一个"和市"的概念。所谓和市，是指官府向老百姓议价购货，其中粮食乃一大宗。

　　古书载，永明五年（公元487年）的"和市"，是南朝规模较大的一次。该年9月份，萧赜下诏："京师及四方出钱亿万，籴米谷丝绵之属，其和价以优黔首。"明令地方财政拿钱，以老百姓满意的价格，收购他们辛勤产出的大米、小米、小麦、黑米、荞麦、燕麦、薏仁米、高粱等，不得随意缺斤少两，让粮农们沧桑的心免受丁点儿伤害。收上来粮食干啥用？建立常平仓，以备灾年抗粮荒呀。

　　那么，都叫哪些地方参加"和市"呢？它们是：豫州（侨州，治今安徽寿县）、南兖州（侨州，治今江苏扬州市，其北部盱眙、山阳、南沛三郡属南朝流域范围）、司州（侨州，治今河南信阳市，其东北部属流域范围），各出钱250万。

　　上述粮食之中，薏仁米兼具营养、药用价值，被誉为"生命健康之禾"。《本草纲目》夸它"健脾，益胃，补肺，清热，去风，祛湿，增食欲，治冷气，煎服利水"，看来它在粮界混得相当不错。眼下正是2013年的三伏天，湿热难耐，我开始每天用暖瓶泡"薏米红豆粥"喝。每喝一次，我都在心里感激薏米、红豆一回。承受着薏米恩泽，联想到推行"和市"的萧赜，我不由得暗自为南齐祈祷。恨的是，萧氏子孙太让人失望，争权夺利竟至骨肉相残。萧道成的侄子萧鸾，更在一年之间，辣手屠龙，连杀两任新皇帝（萧昭业、萧昭文）。

　　朝政黑暗引发农民起义，社会动荡招致国运维艰。永元三年（公元501年），雍州刺史萧衍蓦地帝欲膨胀，发兵南京，杀齐和帝萧宝融，自立南梁。萧齐谢幕了，但那薏米的清香，还萦绕在万千有湿热的儿女的鼻端。

# 陈　　迹

提要：从陈霸先到陈叔宝，江南百姓跟着好好坏坏的皇帝们，吃了不少苦，遭了不少罪。酒肉没能穿肠过，糠菜每在唇边游。吃吧，吃吧，陈后主被隋军拘到洛阳去了，南京那些没来得及收拾的豪宴，咱赶紧打包回家，改善一下伙食吧。

陈霸先活了56岁，皇帝只当了两年。当皇帝的时间短是短了点，但毕竟过了一把君临天下的瘾，足以心花怒放了。当没当过皇帝，对一个人来说是不一样的。当皇帝，天天有大批的人给自己下跪，感觉势必很爽；而从未当过皇帝，经常给别人点头哈腰，倒也锻炼身体。

甭看皇帝威风八面，但树大招风，容易仇家四伏。拿陈霸先来说，在萧梁为臣时，因政见不合，杀了在平定"侯景之乱"中自己的合作伙伴、骠骑大将军王僧辩，为王的儿子王颁切齿痛恨。南陈亡于隋后，孝子王颁率一帮子铁杆部下，连夜刨了陈霸先的坟，将一把枯骨纵火烧作灰末。可怜我们的陈武帝霸先同志啊，你说，打打杀杀、争权夺利的有啥子好，还不如布衣青鞋，在胡同口摆个鸡蛋灌饼摊儿呢。

如果你当街喊一声"陈兴国"或者"陈法生"，或许有一个叫陈霸先的皇帝会幽幽地回过头来。没错，一个遭受掘墓焚骨之辱的中国皇帝，有这么个狡兔三窟式的名字。"兴国""法生"，普普通通，听上去像是朴素的农村孩子。

而"霸先"二字，则凶悍、蛮横、强硬、孔武，有极大的开拓力，与皇帝身份吻合。事实上，陈霸先称得上智勇双全的优秀帝王，连谏太宗十思疏的魏征，都称赞他可比刘邦、曹操。

出色的政治家、军事家，久经考验的封建帝王陈霸先病死后，传位于侄子陈蒨。有人说陈蒨与其宠臣、著名美男韩子高,乱搞同性恋关系。韩子高尽管容颜俊美,但也不至于狠心将一个好不容易当上皇帝的人拖下水。何况陈蒨务从俭约,知百姓疾苦,注重农桑,兴修水利,是南朝难得的贤明之君。据说他时刻操心国家大事,夜里连觉都睡不安稳,哪里有心思搞什么同性恋呢,真是无稽之谈。

"皇帝链"的蜕变有一个令人扼腕的过程。通常是开国皇帝很厉害,渐渐地节节败退,末帝往往昏庸可笑之至。

南陈后主陈叔宝,也就是著名艳诗《玉树后庭花》的作者,堪称荒淫奢侈之模范。自从当上皇帝之后,盖房、喝酒、泡妞、作诗,便成了陈叔宝雷打不动的生活方式。为了金屋藏娇,他大建宫室(以临春、结绮、望仙三阁为代表),根本不管花费多少银子。他喜欢吟诗作文,便有一帮子文臣骚客苍蝇般围上前。大家比一比,看谁的诗词写得浪里浪气、黄不啦唧。选出来的优秀之作,还要让宫女们谱曲演唱哩。

咱听听素有"亡国之音"的《玉树后庭花》都有啥内容:"丽宇芳林对高阁,新装艳质本倾城。映户凝娇乍不进,出帷含态笑相迎。妖姬脸似花含露,玉树流光照后庭。花开花落不长久,落红满地归寂中。"如此令人想入非非的诗句,在青楼柳巷之中,无疑有着超强的流行力。难怪到了晚唐,杜牧在他的《泊秦淮》中,还有"商女不知亡国恨,隔江犹唱后庭花"的慨叹。

公元589年,隋军大举南下,攻破南京,俘虏后主,享祚32年的陈朝亡了,南朝终于到头了。从陈霸先到陈叔宝,江南百姓跟着好好坏坏的皇帝们,吃了不少苦,遭了不少罪。酒肉没能穿肠过,糠菜每在唇边游。吃吧,吃吧,陈后主被隋军拘到洛阳去了,南京那些没来得及收拾的豪宴,咱赶紧打包回家,改善一下伙食吧。

# 刘　　曜

**提要**：大伙儿饿着肚子，奄奄一息，在位于今天山西临汾、陕西关中一带的土地上，脑海里也许咆哮着《击壤歌》那遥远而又淳朴的旋律："日出而作，日入而息。凿井而饮，耕田而食。帝力于我何有哉！"

我突然对中国的少数民族古文字兴趣大发，对什么彝文、纳西族东巴文、藏文、水文、西夏文、契丹文、突厥文、吐火罗文、满文，甚至连梵文都不放过。我试图用毛笔书法的方式，对上述稀奇古怪的各类文字，在雪白的宣纸上作逐一折腾。这种带有探索性质的书写，被我大量掺入了古汉字的篆隶笔法，从而显得装模作样而又不伦不类。我沉浸于这种看上去不无孤僻的艺术行为之中，不管是否会招来嘲讽与冷笑。一个声音在我心底坚强地抗诉：汉字既然是中国书法的载体，少数民族文字为什么就不能是？这就像历史上不单有汉族政权，少数民族政权也毫不逊色一样。譬如"五胡十六国"，便是胡骑长驱的时期。

眼下，国人的汉语兴趣与汉语水准与日衰减。即便这些都不存在，"五胡十六国"也是个需要细细解释的历史概念。这有点像乡下亲戚进城，解开一只鼓鼓囊囊的大布袋子，芝麻、玉米、豌豆、红豆，逐个点数，意在说明营养之丰富、情意之深醇。具体讲来，匈奴、羯、氐、羌、鲜卑，史称"五胡"。他们建立的主要国家有16个：一成（汉），二赵（前赵、后赵），三秦（前秦、后秦、西秦），四燕（前燕、后燕、南燕、北燕），五凉（前凉、后凉、南凉、北凉、西凉），一夏。实际上，西晋灭亡之后，逐鹿中原的除了"五胡"，还有汉人与賨人（巴人），建立的政权。在"十六国"之外，另有代、魏以及西燕。总之，黄河流域的广大地区，在那30多年里，烟尘飞扬、人嚎马嘶，金属兵器清亮而又紊杂的撞击声，血喷骨折惶悚而又猛烈的哗变声，一直在史书薄薄的纸页间狰狞地回响。

前赵、后赵、冉魏，以其残暴血腥的统治，居于"十六国"第一阶段（公元317～352年）。公元318年，匈奴人刘曜建立前赵政权，以今天的西安为都。刘曜，字永明，名字听上去光辉灿烂的，好极了。除了名字好，此人据说文章、书法都很优秀，照咱们时下的标准看，称得上才华出众的好干部。但要想当皇帝，光有"文"的一面显然不够，还必须心理阴毒、手腕狠辣。刘曜果然擅长杀人，在攻破西晋都城洛阳后，他竟然血刃官民3万余，使富丽洛城顿成瓦砾一片。对西安他也是极尽蹂躏之能事，断垣残壁之际，老百姓被逼得枵腹相食。人吃人啊，老天爷，这可真是造孽啊。

一个将若干重要城市"非礼"到如许程度的男人，该是一个怎样的人种呢？原来，匈奴本是北方游牧民族，由古北亚人种和原始印欧人种混合而成，可以说是"破坏者"与"野蛮人"的代名词。

既然夺得"前赵"政权，皇帝刘曜及一帮子匈奴贵族们，当然要毫不客气地纵情享乐了。粮食方面嘛，宫廷御厨绞尽脑汁，搜索枯肠，怎样稀罕怎样做，甚至是怎样变态怎样做。那么，我猜啊，他们会不会突发奇想，偶尔要包一顿鼠肉馅饺子或蛇肉馅饺子呢？这个还真不好说。

当权者的生活奢侈已极，对老百姓却残忍盘剥。前者吃着肉饺子，后者却在连年战乱与瘟疫中流离逃亡。大伙儿饿着肚子，奄奄一息，在位于今天山西临汾、陕西关中一带的土地上，脑海里也许咆哮着《击壤歌》那遥远而又淳朴的旋律："日出而作，日入而息。凿井而饮，耕田而食。帝力于我何有哉！"一任浑浊的泪水在默默地流淌。

# 吴　粮

**提要**：若论东晋、南朝最为集中的产粮区，那当然要数"三吴"了。三吴所指何地？有人说是吴郡、吴兴、会稽，也有人说是吴郡、吴兴、丹阳，还有人说是苏（东吴苏州）、常（中吴常州）、湖（西吴湖州）。而在我看来，无非是江浙繁华鱼米乡的一个泛称，大家不必太过较真。

建康在南朝时是半个中国的政治中心，当然是大城市——今天的南京也不差。西晋末年，中原战乱，几百万人拖家带口，向建业方向迁徙。远远望去，这些惶惶不定的身影，犹如一群在惊风中颤抖的鸟儿。他们把铁农具、牛耕、积肥粪田技术、区种法等比较先进的谋生手段，连同疑惧的眼神和一颗噗噗乱跳的心，一齐带到了长江以南。

东晋建立前后的数十年间，这些来自北方的父老乡亲，为了有口饭吃，捋袖屈膝，挥汗如雨，成为地主庄园的依附人口或者自耕农。

要想种出好粮食，灌溉必须跟得上。在东晋，水利工程挺有成效。比如晋陵曲阿（今江苏丹阳）修建的新丰塘，溉田800多顷；乌程（今浙江湖州）的荻塘，溉田千顷；安徽寿县的芍陂，溉田万顷。到了南朝，荆州枝江的获湖，通江引水，庄稼饱饱地喝个够，自然收获多多。眼看白花花的稻米搂入怀中，大伙儿都高兴坏了，"干脆咱就把这片湖叫获湖吧"，不知是谁亢奋的嗓音，引出"好，好啊"的如潮般的赞同声。

刘宋时期，湖田也得到了大量开垦。山阴县（今浙江绍兴）人稠地少，地不够种，好多穷苦农民就跑到余姚、鄞县、贸县（今宁波东）3个地方围垦湖田，收成不错。南朝史学家、文学家沈约，在考察了江南的粮食事业后，高兴地说："地广野丰，民勤本业。一岁或稔，则数郡忘饥。"实际上，敬爱的沈老先生所看到的"稻菽千重浪"只是表面现象，浸透了农民汗水的粮食粒儿,大部分滚入了地主硕大的仓库。吃了上顿没下顿的,从来都是那些敢怒而不敢言的劳力者们。

若论东晋、南朝最为集中的产粮区,那当然要数"三吴"。三吴所指何地?有人说是吴郡、吴兴、会稽,也有人说是吴郡、吴兴、丹阳,还有人说是苏(东吴苏州)、常(中吴常州)、湖(西吴湖州)。而在我看来,无非是江浙繁华鱼米乡的一个泛称,大家不必太过较真。除了"三吴",鄱阳湖、洞庭湖沿岸及成都平原,都是重要的产粮之地。但是,粮食产得再多,最精华的部分,往往都被不干活的人鲸吞了,而出力流汗的耕种者,常常只落得一碗饱饭。这何其不公,却又是千年历史所铁证了的事实。对此,农民的牢骚再大也无济于事。说白了,你不会玩心眼、斗权谋、巧取豪夺,而只会摆弄一谷一禾,就只能沦为捉襟见肘的被剥削者。

从这层意思上推演,"粮食"便是"弱肉强食"。

在那些地主、官僚圈定的大庄园内,看啊,良田沃壤,几十顷,数百顷,甚至千余顷,并且有山有水,有渠有湖,想浇地就能饱饱地浇,想施肥就能爽爽地施。更重要的是,东晋建立之后,利用政治特权疯狂占地的士族老爷们,还招引了成群的私家农奴。这些可怜的劳动者中,有土著农民,也有北方来的侨人或其子孙。在他们看来,地主庄园的地盘儿真大,活儿真多,谷物、蔬菜、桑麻、药草需要种植,还得纺织、刺绣、酿酒、制饴、冶铁、铸铜、制竹木器等。每天鸡一叫就起床,日头落山了才能收工,稍有懈怠,便会遭受那些恶狗一样的打手们的严重警告。亲爱的朋友们,这下你们晓得了吧,粮食就是这样种出来的。

# 玩　狠

**提要**：刘骏摇身变为皇帝之后，宗室内战愈演愈烈，再加上北魏的不断挑衅、侵扰，刚吃了口舒心饭的劳苦大众，无奈又勒紧了裤腰带。

有人说，男人心不狠，是干不成什么大事的。无数史实也证明了这一点，所以我权且信了。我们可以发疯似的喜欢善男子，却没必要十万火急地唾弃恶男子，因为从本质上讲，他们无非都是某种自然大链条上的合理元素而已。如果有一天，恶男子被剿灭殆尽，满眼皆是笑眯眯的、谦虚的、有礼貌的、软绵绵的大善人，温柔多情的你啊，也许会瞬间崩溃的。

刘裕是个英雄，也是个狠心的男人。

他想当皇帝，所以就得干掉现有的皇帝。

公元419年1月28日，刘裕派人潜入内宫，把连自己吃没吃饱、穿没穿暖都搞不清楚的晋安帝司马德宗，像踩死一只田鸡一样活活勒死了。刘裕本想立马登基，但被一本很玄乎的算卦书忽悠了，说他必须再经历一名皇帝后才能如愿。

嘟囔着嘴的刘裕，老大不乐意地把司马德宗之弟、32岁的司马德文推上皇位，是为东晋末帝晋恭帝。老饕一刻不停地挂念着粮缸，他刘裕的心啊，早已等得不耐烦了。强忍了一年半时间后，元熙二年（公元420年）六月，司马德文被迫禅位，东晋王朝正式为刘宋所代。公元421年11月10日，初冬的残叶在寒风中不无凄哀地片片飘零，司马德文被刘裕派人用棉被粗暴地闷死，终年36岁。

刘皇帝美梦成真后，尽管心狠如狼的本性未曾稍改，但还是做了些实事的。比如，对贪官污吏绝不手软，大案要案一查到底，甚至连与自己一起打江山的亲信与功臣，他也毫不姑息。此外，他还在选拔人才上打破成规，大胆启用出身寒微者。尤其值得称道的是，刘裕大力推行"土断"政策，成批撤并侨置郡县，户籍上也不再分土著与侨人；禁止豪强封山禁泽，老百姓可以随便砍柴、打渔，凡遇乱收钱的，允许百姓立即到有关部门上访；严禁地方官吏滥征赋税、徭役。当官的除非给钱，否则不准乱拿群众一针一线。用现在人的话说，若早餐时分，看到鸡蛋灌饼夹生菜叶、热豆浆配塑料吸管、荤素包子或者炸油条不由分说抢夺而去者，绝对是要追究责任的。

　　心是狠了点的刘裕，在刘宋前期的时间，狠狠地打黑、治恶，取得了明显成效。社会稳定、经济发展，这对大伙儿的胃口无疑也是一种肆意挑逗。原本普通的面饼，如今被饶有兴致地捏弄成了十二生肖的模样儿，枣糕、喜鹊馍、糯米团、春卷、花样萝卜干等，也在民间纷纷张扬开来。这当然是令人欣喜的好现象。可惜啊，良宵总是苦短，刘裕的子孙们争权夺利、血腥弥天。元嘉三十年（公元453年），宋文帝刘义隆竟然被自己的亲儿子刘劭给宰了，可见玩政治是不要人性的。未久，刘劭又死于三弟刘骏之手，活该！刘骏摇身变为皇帝之后，宗室内战愈演愈烈，再加上北魏的不断挑衅、侵扰，刚吃了口舒心饭的劳苦大众，无奈又勒紧了裤腰带。

　　皇族混战的结果，使刘宋大权逐渐集中于一个叫萧道成的将军手中。昇明三年（公元479年），老萧一狠心，"削"了宋顺帝刘准，自立为帝，南齐政权诞生了。

　　那么，肚子瘪瘪的子民们以何相庆呢？唉，无非是艰难地嚼一口冷馍咽下罢了。

# 饿　　梁

*提要*："梁"与"粮"谐音，那么"萧梁"是否可以曲解为"萧条的粮食"呢？粮食萧条，皇帝饿死，这能不能看作某种天意呢？说到底，这个南朝政权与粮食的关系，真叫个无厘头呀。

在我看来，萧衍绝对是个天才皇帝，不愧爹娘出力流汗生养他一回。

首先，萧皇帝享寿86岁，皇位安坐48载，这已经让人艳羡不已，谁料想他还是个才华横溢的学者和艺术家。学问上，博涉经史，撰有《周易讲疏》《春秋答问》《孔子正言》等200余卷，主持编撰了600卷的《通史》。文学上，与沈约、谢朓、范云、王融等合称"竟陵七子"，是"永明体"诗歌的重要作家。书法上，草书古雅飞动，迥迈俗流。另外，他还有《与梁武帝论书启》《观钟繇书法十二意》《草书状》《答陶隐居论书》《古今书人优劣评》等理论著述传世，并率先推崇王羲之书法。音乐上，素善钟律，曾创制准音器四具，名曰"通"，每通三弦，以推月气，又制十二笛和十二律相应，每律各配编钟、编磬。绘画上，善花鸟、走兽，与画家张僧繇过从甚密。围棋上，兴趣浓厚，技艺超群。此外，萧衍堪称中国历史上最佞佛的皇帝。迷上佛教之后，他竟然能够拒女色、斥荤腥，更要命的是，还多次舍皇位而遁空门。

又高寿，又有才情，又是皇帝，啥好处都让萧衍占了，老天爷的偏心眼令多少人愤愤不平啊。尽管萧衍最后是在"侯景之乱"中被活活饿死的，但至多与普通人之病死、淹死、吊死、被撞死、被杀死、摔死、冻死、热死、无聊死一样难受吧，此外并无其他特别的惩罚。这样一个人，活得性情、尽兴，也很可爱。他在公元502年登基之后，为使统治安稳、江山永固，觉得只要能遏制皇族内讧、士族与庶族之间相互倾轧，就基本上不会有啥大问题。至于皇族、官僚及地主，生活上奢靡些，作风上不像话点，都可以睁只眼闭只眼。说白了，只要你没有政治野心，再怎么贪、腐、淫、黑，都是可以在朝廷眼皮子底下甜蜜蜜地安享小日子的。

这种"怀柔"方略，使宗室诸王肆无忌惮。拿萧衍的六弟、临川王萧宏来说，名下库房30多间，存钱3个多亿，此外还有六七十间库房"贮布、绢、丝、绵、漆、蜜、纻、蜡、朱砂、黄屑、杂货，但见满库，不知多少"。但萧衍视察之后，发现弟弟尽管搜刮无度，但并无篡逆之心，竟然微笑着拍拍他的肩，很是赞扬了一番。这样的好哥哥、好皇帝，怎能不让萧宏霎时间温情暖心间，然后背地里浪笑着大骂"傻帽儿"呢！官僚们有了腐败样本，当然群起仿效、个个踊跃，可怜国家肌体，日日遭受蚕食。而萧衍，讳疾忌医，掩耳盗铃，大兴佛寺，粉饰太平。杜牧"南朝四百八十寺"这句诗，大概包含了萧衍先生的不少心血吧。更叫人惊讶不止的是，萧皇帝先后3次到同泰寺出家当和尚，大臣们共花费了国库4亿钱巨资，才将其赎回红尘。

皇帝荒诞到如此程度，国家不乱才怪，"民尽流离，邑皆荒毁。由是，劫抄蜂起，盗窃群行"。不消说，粮食事业也糟糕到叫人衣带渐宽的地步。牛肉、羊肉、猪肉、鸡肉，萧衍全不吃，光嚼那缺滋少味的菜叶菜帮子去了。这种背景下，一个叫侯景的武将，野心勃发，攻破南京。萧衍饿死，秀美江南在狰狞烈焰之中化作废墟焦土。之后几经起伏跌宕，8年之后，末帝萧方智被将军陈霸先所废，南梁彻底玩完。"梁"与"粮"谐音，那么"萧梁"是否可以曲解为"萧条的粮食"呢？粮食萧条，皇帝饿死，这能不能看作某种天意呢？说到底，这个南朝政权与粮食的关系，真叫个无厘头呀。

# 石 赵

提要：这些可怜的农民工兄弟姐妹，在漫长的高强度劳动过程中，都吃些什么呢？是粗粮窝窝、野菜清汤，还是糙米、荞面？反正四菜一汤是不用想了。

"后赵"姓石，并不是随便谁都知道的，需要读一点历史书才行。我发现，现在的中国人越来越没耐心读书了，更没耐心下田干农活了。"耕读传家"4个字，正在越来越被狂野般撂荒。

任凭我如何长长地叹息（模仿屈原的样子），这般风气也不会轻易让人感到惭愧，更不用说埋下头、红着脸去主动改正了。对于头脑里冒出的这种念头，连我自己都感到迂阔、无聊、可笑。

咱们国家有个传统，皇帝姓什么，被他骑在脖子上"喝儿驾，喝儿驾"地驱使的朝代，也跟着姓什么，当然这与后来的史学家有关。比如南朝宋被称作"刘宋"，南朝梁作"萧梁"，那后赵当然得叫"石赵"。石赵就石赵吧，谁叫这个只有30年寿命的朝代，是一个名叫石勒的羯人建立的呢。这"羯"字有两层意思，首先是指被骟过的公羊，另外指向一个古老的中国北方民族。该民族本是匈奴的分支之一，有"羯胡"之称。据说羯人高鼻梁、深眼窝、大胡子，石勒大概也逃不出这种相貌特征吧。公元319年，他自称赵王，建立了被后人称为"后赵"的政权，把首都定在今天的河北邢台，并逐渐控制了黄河中下游的广大地区。公元328年，他杀刘曜于洛阳，次年又攻下关中，灭前赵，自称帝。

总算当了皇帝，必须得好好猖狂一下。豆浆买两碗，喝一碗，倒一碗；油条买两根，吃一根，扔一根；包子买两个，素一个，肉一个。类似这种没脑子的小伎俩，比较适合刚发了点小财的农民工。石皇帝如果也这样做，那不是恶心他妈给恶心开门——恶心到家了吗？现在我们搞清楚了，石皇帝是绝不会这样干的，必然要另出高招。他向全国声明，羯人享受"国人"待遇，严禁叫他们"胡人"。凡是带有"胡"的词儿，一律掐掉。胡人就是文明不够、开化未足的意思，深为汉人所鄙视。"胡"这个字眼儿，野蛮地刺伤了石勒澎湃的民族自尊心。

通常来说，心态扭曲的人是残暴的。石勒与其养子石虎，就是一对典型。对付天下苍生，屠刀是他们的首选工具。杀杀杀，血浆喷溅，尸骨遍野。也许在石氏父子看来，这是一种声势浩大的行为艺术。帝位到手之后，石勒迁都于邺（今河北临漳），大兴土木，豪筑宫殿台观，被强征干活的男女劳力达16万之多。此外，他还下令在西安、洛阳等大城市修造殿宇，征发劳力40余万，光运送材料的船夫就有17万人。

这些命比蝼蚁的民工，没有取暖费、降暑费、独生子女费，也没上什么平安保险，更别想交"五金"了，他们唯一的权利就是玩命干活。其实，他们凄惨的结局早已注定，不是被打死，就是饿死、病死、累死，一个虎视眈眈的"死"字，正等在他们的必经之路上。

我所关心的是，这些可怜的农民工兄弟姐妹，在漫长的高强度劳动过程中，都吃些什么呢？是粗粮窝窝、野菜清汤，还是糙米、荞面？反正四菜一汤是不用想了。他们的肠胃在委屈地蠕动，那些猪嫌弃、狗不理的饭食，于含泪的目光中，撬开憔悴干裂的双唇，经过舌头毫无快感的搅拌，钻入喉管暗无天日的隧道，到达家徒四壁的胃囊。

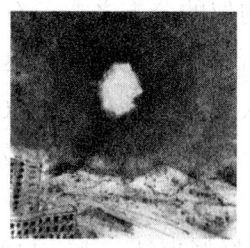

# 冉　闵

提要：姓冉的，俺们英勇牺牲的20万羯胡儿女，变作厉鬼也要找你算账的。这里顺便问一句，你吃惯了鸡鸭鱼肉、大米白面，尝尝俺们如山的尸体咋样吧。

冉闵这个人，是必须说一说的。

在打杀夷狄这一点上，他无可争议地成为典范，曾创造了一天屠杀好几万胡人的巅峰纪录。可以说，他是汉人的骄傲，胡人的克星。历史上，汉人时常被少数民族欺侮。但事实雄辩地证明，我们不是传说中的"东亚病夫"，黑头发黄皮肤绝不是任人宰割的。如果要举例，那我们就抬出冉闵冉大侠。

后赵皇帝石勒的养子叫石虎，石虎的养子叫冉瞻，冉瞻的亲儿子是冉闵。按辈分，冉闵应当给石虎叫爷。一个汉族男人，认一个羯人做祖父，还深得对方信任，在我看来，并不是一件容易的事情，但冉闵轻松地做到了。一个有想法的男人要善于等待，要能忍，要能伺候人，还要能喜怒不形于色。冉闵有没有这种胸襟与胆略，我们暂不作详考，但有一点可以肯定，此人勇猛无匹，擅长打仗。枪杆子里面出政权，江山往往是铁拳打下来的，有这方面特长的冉闵在等机会。

在一个叫梁犊的农民领导的起义被镇压后，石虎连惊带吓，终至卧床病死。这个荒淫无度的男人，生前曾下令各郡县，强选美女3万人置于后宫，其中有夫之妇多达9000人。

石虎在作恶多端之后，蹬一蹬腿，努一努唇，吻别了这个花花绿绿、爱恨情仇的世界。他的儿子们，开始为争夺皇位而骨肉相残。为了权势与金钱，他们可以不要人性，出卖色相，牺牲健康，像一群无头苍蝇一样四处乱撞。结果呢，或许炽愿难遂，或许玉石俱焚。事后回眸，真是可笑复可怜。石虎的不肖子们便是如此，眼看着金灿灿的皇宫在眼前飘来荡去，一番刀光剑影之后，却发现不过是一场梦幻泡影的春梦而已。上帝顽皮地冲他们笑笑，把皇位的"绣球"慷慨地抛给了一个叫冉闵的汉人。

属于后赵的生命火焰，被冉闵蛮横地掐灭了。他建立了一个叫"魏"的新国家，史称"冉魏"，都城不变，仍然是邺。摇身变为皇帝之后，冉闵喜欢故意挑起民族间的矛盾，剔着牙，支着腮，眯着眼，观赏京剧般地看一大堆人打群架。他公开宣称："与官同心者住，不同心者各任所之。"这分明是说，汉人接下来就要吃香了。于是，那些在石赵统治时期耀武扬威的羯人，发现好景不再，纷纷逃出邺城，而百里之内的汉人却都争相入城，一片"围城"之奇观啊。

冉皇帝大吼一声"杀"，创造了在血泊中倒下数万羯人的奇迹。

真叫一个狠，皇帝有令，杀羯竞赛开始了，哪怕只杀一个，也能封官晋爵。

爹娘呀，你们为啥要给俺一副高鼻梁大胡子的相貌，让俺在邺城街头如过街之鼠。姓冉的，俺们英勇牺牲的20万羯胡儿女，变作厉鬼也要找你算账的。这里顺便问一句，不得好死的姓冉的，你吃惯了鸡鸭鱼肉、大米白面，尝尝俺们如山的尸体咋样吧。换换口味嘛，成全俺们一次天葬。你如果吃了俺们，你就是人间秃鹫。俺们的尸肉里充满了怨毒，吃吧，毒死你。

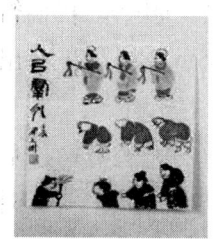

# 慕 容

**提要**：我说慕容氏啊，你不让劳动人民砍柴打水、吃饭穿衣，那不是昏了头了吗？你可以轻视他们，冷落他们，背地里说他们是泥腿子，但你不叫他们拥有粮食，这不是自找崩溃吗？亲爱的前燕，现在懂了吗？

十六国时期，在今天的河北临漳与河南安阳一带，冉闵为巩固自己的政权，将羯人杀得血流成河。手上沾满了别人血水的人，大抵是没有善终的。公元352年，冉闵被前燕国君慕容俊抓了俘虏。按说铁血男子汉老冉是没那么容易就被逮住的，但他为了给邺城百姓争夺更多的粮食，冒险出城，陷入鲜卑大军重围。出城前，他把既有的粮食，先散给自己治下的亲爱的汉族人民，保证他们肚子不饥。

一个皇帝，能为子民想到这个份儿上，挺叫人感动的。

为了胡口夺粮，老冉被慕容氏抓了。粮食，让一个杀人狂折腰。看来，粮食不仅能饱人，还能杀人。那些散散碎碎的粮食粒儿，一旦聚合起来，如山似海，呼啸澎湃，瞬间便能击垮一个汉族皇帝坚强而又凶悍的神经。

冉闵被抓之后，被带到前燕国主慕容俊面前。在挤出几丝轻蔑的冷笑后，慕容俊说：小子，凭你那两下子，做奴仆、下人还差不多，竟敢狂妄地自封天子，找死啊。老冉破口大骂：呸，你们这些人面兽心的异族渣子，趁此乱世，侵我中原，时刻都想篡权夺位；你大爷我赫赫英雄，奇才大略，为啥就不能弄个皇帝当当？慕容俊听了，那是相当生气的，打了老闵300鞭子，把他押到前燕国都龙城（今辽宁朝阳），最终斩于当地的遏陉山。

老冉长了个碗大的疤之后，遏陉山上的草木都伤心地枯了，还无端飞来了遮天蔽日的蝗虫，并且大半年间奇旱无雨。看来，大自然都在为一个汉族皇帝叫屈了。慕容俊见了既惊且怕，赶紧派人前往祭祀，鸡鸭鱼肉、糖果米面供奉了满桌，还追封老冉为"武悼天王"。说来也怪，前燕方面这么一学乖，鹅毛般的大雪立即洋洋洒洒地填塞了辽阔江天。雪厚没膝，踩上去吱吱嘎嘎地响，好似在为老冉远逝的生命，作深情而伤感的歌吟。

噩耗传到邺城，冉魏的臣僚们泪纷纷而腿软软，唇抖抖而言颤颤。为了尽忠守节，他们大部分选择了上吊自裁，少部分逃往东晋，竟然没一个投降前燕的。至于那数十万汉族百姓，怀揣着吃了老冉留下的粮食之后浑身奔涌着暖意，一路上不停地骂着慕容老贼，扶老携幼南奔东晋。可惜中途遭受前燕截击，被屠戮殆尽。我们不得不感叹，冉闵及其领导的魏国，在"五胡乱华"的大背景下，是一个令人肃然起敬的奇迹。

简要地说，公元337年，慕容皝以龙城为都，自称燕王。公元348年，慕容俊继位，攻后赵，夺幽州。公元352年，灭冉魏后，迁都于蓟。越5年，再迁至邺。

在豪迈而又不乏温情的漳河之畔，10多年中，前燕政治稳定，经济发展，形势喜人。可渐渐地，到了慕容暐时期，统治集团就开始腐朽黑暗了。统治者穷奢极欲，挥金如土。

公元370年，前秦领导人苻坚，着6万大军，攻破邺城，俘慕容暐，前燕正式寿终正寝了。我说慕容氏啊，你不让劳动人民砍柴打水、吃饭穿衣，那不是昏了头了吗？你可以轻视他们，冷落他们，背地里说他们是泥腿子，但你不叫他们拥有粮食，这不是自找崩溃吗？亲爱的前燕，现在懂了吗？

# 坚 头

**提要**:"粮食精"不仅腐蚀了苻生,也泡坏了整个前秦。国家没希望了,政治黑暗,经济凋敝,王公大臣纷纷请病假回老家了。

苻健他父亲叫苻洪。苻洪自称"三秦王",死于公元350年。一个普通的古代男人的死,原本是无关紧要的,问题是有个叫"前秦"的国家,是这个男人一手建立的,所以他的死,就有了研究价值。这个国号"大秦"的氐族政权,是在前赵、后赵及东晋政权的夹缝中,艰难地诞生的。

前秦顽强地生长着,经历了春雨秋霜。父亲死了,儿子继位,在古代,这是合情合理合法的。看上去,这是一种明目张胆的进步。苻洪的追悼会隆重开过之后,接了班的苻健自称"天王大单于",都城选在今天的西安,于公元352年正式称帝。当了皇帝之后的苻健,假使吃腻了御膳房的饭菜,会不会在某个偶然的时刻,食欲大发,微服出宫,偷偷摸到背街小巷吃一碗油泼辣子裤带面呢?公元355年,苻健也死了。当然,不可能是老陕大妈擀的裤带面撑的。

粮食无罪,大妈慈祥。一个皇帝的死,也许与某种治不好的疾病有关。一场没完没了的病,一次有哭有笑的死,就这样在公元355年,把苻健的儿子苻生推上了龙椅。这苻生,脾气很坏,嗜酒如命,几乎每天都在昏醉如泥中度过。

"粮食精"不仅腐蚀了苻生,也泡坏了整个前秦。国家没希望了,政治黑暗,经济凋敝,王公大臣纷纷请病假回老家了。大伙儿走在路上,吓得不敢开口说话,无奈只好相互用花样百出的眼色交流,还不如猫猫狗狗有自主权呢。就这样,苻生的皇位与性命,被酒瓶子砸了个稀巴烂。公元357年,苻健的侄子苻坚,诛杀"酒精皇帝"自立。

苻坚，字永固，小名坚头。苻坚果然比苻生强多了，关键是用对了一个汉族人王猛。王同志出身寒微，在氐人的天下，原本是仕进无望的，但老天爷安排他碰见了知人善任的苻坚，使其岗位跃至"中书侍郎"。王猛重视并且擅长搞法制建设，着力加强中央集权，对一肚子坏水的氐族贵族及汉族地主，经常打击那么一下子。这样做可容易得罪人呀，阿猛你也忒猛了点。果不其然，氐族大哥们恨上了他，时刻准备出手拍砖。其中有个叫樊世的，当年曾随苻健立有大功，专门找一个公开场合，指着王猛的脸，说了一通脏话，还扬言要把王猛的人头挂到城门上。说实话，这下子王同志有点怕，就到苻坚的办公室请求保护。

意识到改革进入深水区的苻坚，拍案大怒，决定杀一儆百，整肃氐风。

樊世死了，在他当面羞辱过王猛之后没多久。再后，凡是攻击过王同志的，在朝廷上都遭到了苻坚的又打又骂。

王猛有了靠山，底气足了，胆子大了，官也升了，那些贵戚豪强，被他整死的有好几十个。宦海风气因之清明了不少，皇帝也很满意。

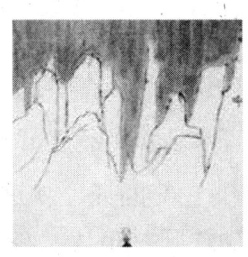

# 王　猛

提要：除了抓法制工作，王猛还很重视发展农业生产。他奖励开荒，开放山林川泽，允许樵采捕捞，修渠引水，拓路办学。此外，那些伤风败俗的事情，他也要插手管一管。

用对一个王猛，前秦整盘棋都活了。身为汉人，却在氐人治下做官，从常理上讲，是要被骂为汉奸的。汉奸就汉奸，只要生活质量有保障。也许王猛不一定这样想，但事实上他不可能含辛茹苦。鸡鸭鱼肉自不必说，海参燕窝大概也不成问题。尽管有时候他想到自己得罪了那么多氐贵，会无端地夜半惊梦，浑身冒冷汗，甚至会"同比"联想到当年商鞅的下场，但定一定神，喘一口气，还是不无惬意地端起了某个美艳的丫鬟奉上的银耳莲子羹。

的确有"两把刷子"的王猛，依凭过人的政治、军事才能，在前秦做到了丞相、大将军的位置。因为辅佐苻坚扫平群雄、统一北方，还被誉作"功盖诸葛第一人"。却说这王同志本是山东潍坊人，如今跑到西北黄土高原，虽然当地气候干燥了点，但那宽宽的裤带面吃起来很筋道，他也就姑且安心在丞相的岗位上长期蹲点了。

除了抓法制工作，王猛还很重视发展农业生产。他奖励开荒，开放山林川泽，允许樵采捕捞，修渠引水，拓路办学。此外，那些伤风败俗的事情，他也要插手管一管。百姓辛辛苦苦种出来的粮食、上山砍的柴、下水逮的鱼虾，他从来不抢不占，任由百姓自由处置。

你说，这样的好官，现在去哪儿找啊。

对于王猛工作上的出色成绩，史书上就有"关陇清晏，百姓丰乐。自长安至于诸州，皆夹路树槐柳"的记载。

柳条像姑娘额前的刘海，槐花散发出醉人的清香，好像都在为王猛王丞相高唱赞歌。好官一般不会躺在功劳簿上沉醉不起，他们通常懂得泰极否来的道理。以王猛为例，襄助苻坚，灭前燕、夺益州、破前凉、控西域，基本统一了广袤而苍凉的北方，与东晋划江而治。在俗人眼里，这已经相当了不起，完全可以纵容自己，杜绝类如烙馍卷菜、鸡蛋捞面等寻常饮食，而日啖猴脑一大堆了。

在前秦貌似强盛的表象之下，王猛发现了"统一时间尚短、民族关系复杂"等潜伏着的不稳定因素。如果用中医术语来形容，则苻秦还存在"三焦郁热、体虚气滞"的病症。这使王猛颇觉忧虑，内心老是沉甸甸的，轻松不起来。鞠躬尽瘁的人容易早衰，也容易生病，诸葛亮是这样，王猛也不例外。前秦建元十一年（公元375年）六月，积劳成疾的优秀丞相王猛同志，在炎热中病倒了。他既不想吃馍也不想喝汤，既不要米面也不要蔬果，只是在被窝里默默地憔悴。苻坚闻知，惊慌失措，亲自为丞相的健康向上苍祈祷，还派大臣到名山大川四处烧香拜佛。7月份，王猛病危，他眼含热泪，哆嗦着嘴唇，劝苻坚不要轻视东晋，千万不要在自己死后南侵东晋，妄图像秦始皇那样扫平六合。说完脖子一仰，匆匆去找阎王爷领粮票去了。

王猛死了，苻坚哭了，整个大秦国哭声一片。据说这穿云裂帛的哭声，持续了三天三夜。可哭归哭，擦干泪水之后，苻坚吞并天下的野心却与日俱增。终于有一天，他调集大军百万，公然向东晋开火，孰料淝水一战，大败而还。公元385年，苻皇帝不幸死于羌族首领姚苌之手。这正是，不听丞相言，吃亏在眼前啊。

# 粮　　缘

　　提要：与手汗、鞋泥亲密相关的农活儿横遭腰斩，父老乡亲们一夜之间变得腿脚生锈般慵懒。乡村，再不是那般梳着黄金玉米长辫儿、饱满乐和的模样了。

　　2013年金秋，黄澄澄的玉米辫子，没再像好些年前一样挂满了中原大地乡间的屋檐。以前的玉米，全靠手掰，连同覆裹在棒子外面那一层层的"衣儿"（我老家俗呼"玉黍裤"），一袋袋扛出青纱帐，用架子车拉回土院子，堆积如山。然后，全家齐上阵剥扯玉黍裤，最忙那几天，常常要夜以继日、点灯熬油地干。大人剥得臂酸指痛，小孩则眼皮打架、呵欠连天。剥出来一批玉米后，大人们就赶紧踩着杌子，垂挂于檐壁的长铁条上，次第"绞织"。现在回想起来，劳作辛苦，却也不无欢乐。

　　自打农业机械开进田里之后，诸多烦琐的手工流程一下子被当头掐断。玉米籽儿直接流入麻袋，简单晾晒之后就存入面粉厂了。

　　与手汗、鞋泥亲密相关的农活儿横遭腰斩，父老乡亲们一夜之间变得腿脚生锈般慵懒。乡村，再不是那般梳着黄金玉米长辫儿、饱满乐和的模样了。甚至眼下农家，连和面蒸馍的耐心也在一点点消磨，拎一塑料袋儿机制馒头回家，多省事啊。就这样，我们与粮食凭空减免了肌肤之亲，粮食不再像以往那样"偎人"了。

　　感叹人粮之间暧昧关系的当儿，我突然视通万里、想落天外，从千余年前的茫茫古人堆中，揪出一个拓跋珪来。尽管这鲜卑汉子是北魏王朝的开国皇帝，15岁登基，38岁驾崩，在位期间还勇敢地将都城从盛乐（今内蒙古和林格尔北土城子古城）迁至平城（今山西大同），但他究竟与粮食有哪门子关系呢？这得听俺慢悠悠道来。鲜卑族，原在大兴安岭起家，是继匈奴之后崛起于蒙古高原的游牧民族，乃阿尔泰语系通古斯语族。他们的老本行是畜牧业，在空旷的草原上骑马放羊，鼻腔里灌满了新鲜羊屎蛋的朴素味儿。

却说北魏道武帝拓跋珪，在位期间虽然年轻，但较为热心农业生产。

他"务农息民""劝课农桑""计口授田"，在相当于今天内蒙古中西部及山西部分区域的广大地盘上，大兴农业，开垦屯田。尤其感人的是，为了给因长期骑马而致大多数都有罗圈腿的拓跋鲜卑子民们做个榜样，他还亲自下地劳动。比如，装模作样地扶扶犁头、挥挥锄头什么的；有时候还不嫌脏、不怕潮，坐在田埂边拉着某位老大妈粗糙的手儿，热情地聊几个"今年收成咋样啊？春节吃没吃饺子啊？孩子学费交了吗？有什么困难直接到首都找我呀"等民生问题。至于有否亲手剥过玉米，由于缺乏切实可信的目击者，并且北魏人民电视台好像也没报道，所以这个问题您只有瞅机会向拓跋珪本人当面问询。——事实上，他怎么可能有机会剥玉米呢？玉米是在明朝传入中国的，北魏时中华大地尚无玉米这一作物。

其实有时候觉得拓跋珪也怪可怜。查档案可知，此君是个遗腹子。他爹拓跋寔，乃代国（北魏前身）末任皇帝，被一个叫长孙斤的造反者砍伤胁部，不久就死了。6岁那年，他就开始跟母亲贺兰氏四处逃亡，被追杀过不少次，所幸无甚大碍。这才有了他在公元386年复国掌权的机会，也才有了北魏（又作"后魏""拓跋魏""元魏"）日后的健硕兴腾。而以上这一切，难道都是为了玉成拓跋珪与农业生产（实际上也就是粮食事业）之间的天赐良缘，才故意安排的吗？我在涉嫌神经质地作如是想。

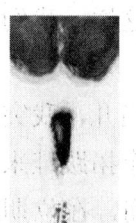

# 食　　毒

提要：公元398年，27岁的拓跋珪能把首都迁到这儿，真要算他英明。但这孩子到大同不久就犯糊涂了，天晓得听了谁的忽悠，总吃一种叫"寒食散"的补药。

2008年5月，我与首都师范大学中国书法文化研究院的几位同学，到山西考察古迹，途经大同，略作逗留。我隐约觉得，这边塞古城，还真有点冷峻高古的味道。在窄街小巷的地摊上吃早餐，油条豆腐脑，胡乱填饱肚子，然后冒昧联络大同市书法家协会，不成想得到了热诚关照。该市书协主席胡金来先生、副主席熊向权先生，亲自安排食宿、交通，带着我们参观了著名的云冈石窟、恒山悬空寺。尤其是熊先生，还叮嘱司机将我们一路送到呼和浩特。

大同人既然如此热情好义，自然令我对这座昔日的北魏之都印象不错。遂想，公元398年，27岁的拓跋珪能把首都迁到这儿，真要算他英明。但这孩子到大同不久就犯糊涂了，天晓得听了谁的忽悠，总吃一种叫"寒食散"的补药。吃药当然是为了长寿，可这药里的矿物质是有副作用的，搞得拓跋珪情绪失控、喜怒无常，瞧上去神经兮兮的，并且一发病就要乱杀人。这还了得，他以为"寒食散"是八宝粥啊。结果没到不惑之年，竟然被自己的亲儿子拓跋绍给杀了。

青年皇帝拓跋珪带给我们的沉痛教训是：谁要拿自己的阳寿乱开玩笑，随便啖毒药如粮食，大抵是要事与愿违的。算了，咱还是闲话少说，以"正能量"的眼光，多为北魏的进步大势而窃喜吧。拓跋珪死于非命之后，公元423年，太武帝拓跋焘即位。

拓跋焘实际上是北魏的第三任皇帝，在此之前，他爹明元帝拓跋嗣干了14年。由于娶媳妇太过容易,造成历代皇族血缘关系总是像蜘蛛网一样紊乱,常常需要特别梳理一下。拓跋嗣是道武帝拓跋珪与刘贵人所生,拓跋绍系拓跋嗣同父异母的弟弟,生母贺夫人。拓跋珪死于逆子拓跋绍之手,在我看来也算罪有应得。那贺夫人本是拓跋珪皇后贺氏的亲妹妹,容颜如花却心如蛇蝎,与姐夫碰面的时候,业已嫁作他人妇。

拓跋绍长大后被封为清河王,不用问就是个五毒俱全的畜生。天赐六年(公元409年),贺夫人使坏耍孬遭拓跋珪幽禁,据说还要被执行死刑。惊慌中的她通过非正常渠道密告儿子快来救妈,拓跋绍当晚带人入宫,眼都没眨就砍了亲爹,一场大暴乱一触即发。最终还是拓跋嗣处变不惧,没有片刻犹豫地铲除了这个二弟,没过几天就自己登基了。

拓跋嗣没有辜负北魏人民的殷切期望。首先,其夫人生下了接班人拓跋焘。此外,他不断打仗,扩大疆土,曾北伐柔然大获全胜,又一路拿下黄河南岸及山东青、兖等要地,从而对刘宋政权形成直接威慑。但由于拓跋嗣为国家的解放事业过于操劳,不注意早点吹灯就寝,饮食上也比较对付,有时候早餐连个煎鸡蛋都没有,致使积劳成疾,一病不起,32岁就报销了。

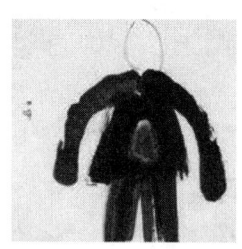

# 佛　狸

提要：那些混饭吃的佃客或部曲，有"苞荫户"之称，而剥削他们的地主老财，则美其名曰"宗主"。立身未稳的北魏，为了巩固新政权、取得世家大族的支持，只好暂时承认宗主对苞荫户使劲盘剥与奴役的权利，从而导致了"宗主督护制"的诞生。

"佛狸"是北魏太武帝拓跋焘的字，说是乳名也行。之所以对此敏感，是因为我熟读过辛弃疾的《永遇乐·京口北固亭怀古》："佛狸祠下，一片神鸦社鼓。"后来知道，"佛狸"即"狴狸"，狐狸之一种。至于为啥要给拓跋焘取这么个小名，那你得问他妈杜皇后，难不成当年这孩子落地时像一只可怜的小狐狸？辛老爷子提到的"佛狸祠"，地处长江北岸，在现今江苏省南京市六合区东南的瓜埠山上。话说南朝宋文帝刘义隆在位期间的元嘉二十七年（公元450年），拓跋焘遣北魏军一路南征，所向披靡，杀到瓜埠山，缓一口气，建了个行宫。后来，行宫逐渐演变为庙宇，民间唤作"佛狸祠"，成了拜祭之所。结果，南宋风日晴和的某一天，当地百姓在祠下虔诚而又欢快地迎神赛社、一派和谐安乐的情景，被敏感的著名词人老辛目击到了。当年南朝地盘上的广大群众，竟然对敌国北魏所建的古祠顶礼膜拜，联想到身边不少没骨头的降金者，辛同志不觉悲从中来、仰天长叹，掏出笔记本填了那么一首长短句。

总之，拓跋焘骁勇善战，堪称杰出的骑兵统帅。在位29年间，分别于公元431年灭夏国，公元436年灭北燕，公元439年灭北凉。西晋之后四分五裂达270多年之久的北中国，一举在他手里统一了。好啊，跟着北魏好啊，家家户户的炊烟，又袅袅地冒起来了。瞧哦，杨柳青青的村庄里，飘动着诱人的麦香，汉子们嚼着烙馍卷菜吃得胡须欢抖。

统一北方之后,财大气粗的汉族地主阶级,却让北魏政权头疼起来。

西晋末年至"五胡十六国"时期,一部分中原地区的世家大族并未选择南渡,而是将宗族、部曲武装起来,修筑坞壁,缮制甲兵,割据一方。一般来说,谁也不敢惹他们,并且有不少在兵燹战乱中没吃没喝的农民兄弟,还无奈而又争相地投奔他们。如此日积月累,一家地主拥有数百家、数千家乃至上万家佃客或部曲,都不叫什么稀罕事。疯狂圈地、封山、霸水、隐瞒人口,使他们腰粗腿壮,睥睨四方。

那些混饭吃的佃客或部曲,有"苞荫户"之称,而剥削他们的地主老财,则美其名曰"宗主"。立身未稳的北魏,为了巩固新政权、取得世家大族的支持,只好暂时承认宗主对苞荫户使劲盘剥与奴役的权利,从而导致了"宗主督护制"的诞生。

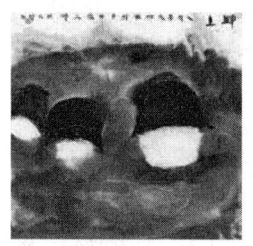

# 九 品

提要：总算明白了，这"三等九品"，就是北魏立国之初的基本赋税制度。可实际执行起来，发现"九品"遭到了肆意嘲弄。那些赘肉缠身的世家大族，无疑当缴第一品，但他们长期而大量地瞒报田产及人口，光从缩水后的数字上，根本看不出人家有钱。

今天，咱烫一壶老酒，叫一碟花生米，随便聊聊北魏前期的赋税制度。话说在当时，正税为每户平均纳调帛2匹、絮2斤、丝1斤、粟20石。此外，还有一些附加税。粟即小米，20石就是200斗，这点粮食，对地主老财来说不算什么，却能让贫民愁眉不展。好在国家有规定，上述赋税并不均摊入户，而是根据征收对象贫富程度分为"九品"。张家不是财大气粗吗，好，享受一品去；王家穷得裤腰带一紧再紧，可怜哪，执行末品算了。九品还要切分为"三等"，分送到不同地区，其中上三品户的赋税又多又好，入京师，直供中央财政；中三品入他州要仓；下三品，本州自个留着用吧。

总算明白了，这"三等九品"，就是北魏立国之初的基本赋税制度。可实际执行起来，发现"九品"遭到了肆意嘲弄。那些赘肉缠身的世家大族，无疑当缴第一品，但他们长期而大量地瞒报田产及人口，光从缩水后的数字上，根本看不出人家有钱。另外，他们还非常注意与各级税官保持勾结关系。官爷们得了好处，赋税征收自然睁一只眼闭一只眼，把全副精力用于搜刮家徒四壁的贫苦百姓去了。

该多缴的不缴，没什么可缴的却必须猛缴，什么"九品混通"，空有其名罢了。这种情况下，自耕农在沉重的赋役面前，根本活不下去，要么投靠地主，沦为苞荫户，要么流亡他乡。人一旦被逼到绝境，就会引发暴动。拓跋焘在位期间的太平真君六年（公元445年），一个叫盖吴的卢水胡人，在杏城（今陕西黄陵县）揭竿起义了。有时候觉得，起义真是在耍走钢丝的游戏，稍不留神，就会摔得很惨。拿盖吴来说，27岁起事，28岁就战死了。

能够填饱肚子，想来应该是盖吴起义的目标之一吧。为粮食而死，死的光荣。被雪亮的大刀瞬间削断脖子，比在病床上受罪强。忍受不了欺辱，有时候真算一种病。盖吴病得不轻，一声暴喝，羌、氐、汉等族同胞群起响应，义军很快积聚到10多万人。

这下子盖吴像雪白的馒头一样在火热中膨胀起来了，他自称天台王（后改称秦地王），率军东进，直抵黄河。

之后吴盖又向西挥师长安，与北魏军鏖战于渭北。这还了得，拓跋焘屁股底下的龙椅，有点晃动的感觉了。

# 食　管

　　提要：这条连接咽和胃、紧贴脊柱的腹侧、由肌肉组成的中空通道，天天与粮食为伍，酒肉米面、苦辣酸甜啥都品尝过。

　　母亲被查出食管癌的消息，让我的耳膜猛一阵子痉挛性地紧缩起来。我的心如受重锤，满脑子都晃动着一个瘦弱可怜的身影，泪腺瞬间欲呈决堤状。近5年来，每逢农历正月十三她生日这天，我都要用填一首词的方式，送上平安健康的祝福。可现在，2013年的11月份，却有肿瘤在她的食管中部如菜花样聚集，犹如拦路之恶犬，让她的吞咽变得磕磕绊绊。事实上，这种障碍感已经持续了3个月左右，只是她怕给子女们添麻烦，怕花钱，怕与医院打交道，硬是隐忍着没说。这期间，8月底，我曾回沁河南岸的石荆陶村住了一宿，问及其身体状况，她也只字未提。我67岁的母亲，一个在乡间劳动了数十寒暑的农妇，当她忍不住道出原委时，已经是食管癌中期。

　　食管癌这个病，河南是高发区。豫北、豫西一带，更是因为水土、生活方式等原因，发病率惊人。农村以"吃麦不吃秋，吃秋不吃麦"的老话形容此病之凶险。意思很明白，重症患者的生命，往往只能维持半年。好在因为病例实在太多，河南的食管癌手术水准业已笑傲全国。如果癌细胞没有扩散与转移，患病部位又无手术禁忌，那么，通过食管切除的办法，完全可以实现彻底根治。到郑州住院后的各项术前检查表明，母亲接受手术没有问题。我没有向她隐瞒病情，尽量使用坚定、果断的语气，鼓励她以积极的心态迎接手术。

　　术前数日，母亲忐忑、恐惧，夜里睡不着觉。陪她散步聊天，她常常叹口气说："咱从没做过啥亏心事，咋就这么倒霉呢！"在听了我貌似底气十足的"放心,做过手术就成健康人了"一类劝慰之言后,她又说:"管他呢,大不了把这百十斤交给他们。"

我可怜的母亲,体重实际上只有96斤。为她捏肩敲背,触手即是生硬的骨感。如此瘦弱的躯体,究竟能否扛得住这般大手术,一度让我担心得六神无主。当11月13日下午一点多钟,在那间窄小的手术室谈话间,看到主刀大夫手中的不锈钢托盘内那段被切除下来的食管时,我的心如乱刀搅动。那条为母亲服务了一个多甲子、输送过无数粮油制品的消化管,眼下正软塌塌、血糊糊地躺在冰冷的器皿中。这条被从母亲的身体上强行摈弃的管状物上,有一截明显鼓胀,就像吞咽食物时的蛇身,大夫说这便是肿瘤横行之处。我一边为母亲失去既有的器官而心痛,一边为病患部位之剔除感到欣慰。

我的汗,我的泪,在老母经受手术折磨的那天,悄无声息地汇流在一起。

手术非常顺利,非常成功,瘦弱的母亲正在一天天的恢复中。我想向苍天恭恭敬敬地磕仨头,请它老人家保佑母亲从此康健,远离病痛纠缠。我还要千万次地为新食管祈祷,愿它安安生生地永不再兴风作浪。这条连接咽和胃、紧贴脊柱的腹侧、由肌肉组成的中空通道,天天与粮食为伍,酒肉米面、苦辣酸甜啥都品尝过。食管分泌的黏液,不断地波浪般蠕动,让滋味殊异、形态各异的粮食大军,鱼贯而入胃囊,然后经脾运化,水谷之精微乃输布周身。所以,我们必须感谢食管的辛劳,在孝敬娘亲的同时,不忘提醒她今后对食管一定要勤加呵护。

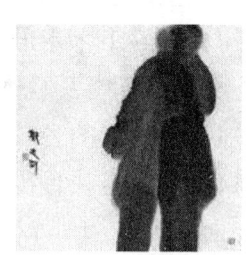

# 课　　吃

*提要：我们当然要首先重视稻、麦、黍、稷、菽，把暖黄色的小米和黄豆、红豆、黑豆、绿豆等各色豆物"犬牙差互"地大胆吃来，但也要拿捏个度，否则胃脘满胀，势必有害无益。*

食管癌术后的母亲，鼻腔、颈部及左肋，插着或粗或细的管子，此外还有打点滴、测心率、测血压、给氧等各色名目的管线。理不清头绪的管线们，不由分说地挟持了一个手无寸铁的乡下老太太。对这些身份不一、职权有别的管线，我一方面为闹不懂它们而心烦意乱，同时也为它们竟然能够携手并肩地扶助母亲而顿生敬意。在监护室中的前两三天，母亲水米不能沾唇，只能靠静脉注射营养液维持体能，之后开始鼻饲流食，再后被允许饮温水、啜稀粥。我在小雪节气前后的郑州，提着装有食料被豆浆机打碎再经过滤而成的稀汤的保温饭盒，日日往返于家与医院之间。

供母亲鼻饲及饮用的那些稀汤，由黄豆、黑豆、小米、大米、香蕉、核桃、红枣、苹果、青菜、胡萝卜、白萝卜、花生等一大堆东西稀里糊涂地制成。我只有一个原则，营养怎么多就怎么来。凡是经历过大手术的人，都是有强大耐受力的人，都值得我们刮目相看。那些汹涌而至的疼痛，并没有击垮瘦弱的母亲。她整体上保持了坚强与平静，默默地忍受着诸般难以言说的不适与不便。据医生讲，食管切除手术之后，胃部上提，人的整个生活方式都要被迫发生改变，比如：只能吃软、暖、稀、淡的半流质食物，彻底与生、硬、冷、酸、咸、辛辣、油腻等饮食断交；并且提倡少食多餐，餐后不宜立即就卧，卧则枕头垫高，否则胃中食物容易反流至口腔。

也就是说，食管手术之后，整个人都将变得小心翼翼，再也不能粗枝大叶地敷衍生活了。几十年来，母亲居乡间农家，挥汗事稼之余，刻意节俭，对自己的饮食健康多所忽视。她长期吃剩饭、剩菜，隔晌吃，隔夜吃，那些热乎乎的玉米粥与碎面条，在她看来都是果腹之宝贝，咋都舍不得扔。她却不知剩饭剩菜尤其是隔夜菜蔬，乃亚硝酸盐滋生之乐土；这类无机化合物入胃之后，在胃酸作用下与蛋白质的分解产物二级胺反应生成亚硝胺，从而强烈致癌。所以，在生活细节方面累月积年地胡乱打发自己，是一定会付出代价的。

清代有个叫徐大椿的名医，自号洄溪老人，在其著作《医学源流论》中云："圣人之所以全民生也，五谷为养，五果为助，五畜为益，五菜为充。"明眼人一看便知，这句话是老徐头从《黄帝内经》里抄出来的，存有不少粮食与疗疾方面的消息。个中五谷就不必细论了，五果为栗、桃、杏、李、枣，五畜指牛、羊、猪、鸡、狗，五菜则是葵、韭、藿、薤、葱。我们当然要首先重视稻、麦、黍、稷、菽，把暖黄色的小米和黄豆、红豆、黑豆、绿豆等各色豆物"犬牙差互"地大胆吃来，但也要拿捏个度，否则胃脘满胀，势必有害无益。此外，新鲜水果及肉、蛋、菜也绝不可少。总之，只有合理搭配膳食，才能将肌体健康的堤坝守牢。

# 白　菜

提要：多年来，我尊重白菜，感激白菜，从未因其价廉易得而生轻慢之心。我不仅知道它有"菜中之王"的美称，还知道它是十字花科芸薹属。

2013年的整个11月份，推掉了大大小小、各色各样的杂务与应酬之后，自觉变得单纯而明净。在那幢巍峨的病房楼中，我乘坐繁忙的电梯，上上下下地穿梭，有时送饭、购物，有时续交费用，有时与医生、护士沟通，所做的一切全部指向一个目标，那就是母亲能够尽快康复。26日那天，母亲终于拔掉了身上所有的管子，顺利出院了。在驱车返回老家县城的路上，尽管天很冷，但是风日晴和，尤其是郑云高速公路起始段的桃花峪黄河大桥，新建成通车未久，整洁亮敞，跑起来特别有感觉。在起伏的邙岭、幽长的隧道及静寂的时光中穿行，母亲靠着车座睡着了，我则油然而生莫名的感动。如果人生是一段路，那么，我们正在经历怎样的风景呢？将母亲安顿在县城之后，我和年届古稀的父亲回了一趟石荆陶村。那个蜷缩在沁河大堤南岸的不起眼的村落，在冬日的冷风中沉默无语。数月来，村里接连去世了两男两女4位老人。11月27日这天，其中一个老汉正办丧事，吹吹唱唱的音乐在由数不清的秃树枝联袂撑持起来的碧空中回荡。村子里的青壮年大多打工在外，只剩下老年人裹着臃肿的棉衣在胡同口晒太阳。好多天没回家，院子里积满了焦黄的杨叶，走上去唰啦唰啦响。我们将自家种的白萝卜、大白菜装了三四大包，外加豆浆机、棉衣棉鞋等物，把汽车后备厢撑得直打嗝才罢休。

节气、物候、饮食、起居，都是需要我们多加重视的。拿11月份来说，7号是立冬，22号是小雪。立冬是冬季之始，而"冬"却是"终"的意思，也就是说，各种作物已经收割结束，该仔细收藏起来了。这个节气是心脑血管疾病的高发期,村子里老年人之遽亡,多与此相关。所以,立冬前后,保护好体内的"阳气"很重要。而"小雪",则是一年中降水由液态凝为固态的标志性节点。这个节气,气温骤降,浑身冷飕飕的,却并未冻得手脚发麻。所谓"小雪铲白菜,大雪铲菠菜",就是提醒农人,大白菜该入窖深藏了。

　　冬藏大白菜是有讲究的。首先要提前停止浇水,以利防冻,薅铲当日,须晴暖无风。再者,刨下的白菜,最好根部向阳连晒几天,外叶不发软不可仓促入窖。以上这些规矩,大概是针对田广菜多者制定的,就我们家那丁点儿自留地里的几十棵白菜,还没资格享受如此豪华细腻的套餐式服务。我们只是把这一堆体态笨重、心性憨厚的大白菜,像一只只饱满的小肥猪一样,码放于院子南墙下的油毛毡棚之下。

　　多年来,我尊重白菜,感激白菜,从未因其价廉易得而生轻慢之心。我不仅知道它有"菜中之王"的美称,还知道它是十字花科芸薹属。它不仅含有丰富的粗纤维,有润肠、排毒之效,并且维生素 C 和锌的含量也超级高,食之强身益体,善莫大焉。我把自家种的大白菜装上几大包送到县城,就是为了让母亲天天用豆浆机打着吃。吃了鲜美的大白菜,这个冬天注定平安而润通。

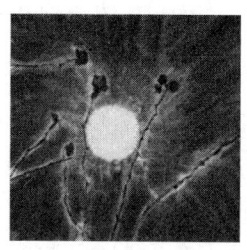

# 元　宏

提要：原本洛阳周边，乱草丛生，狐兔出没，是绝佳的聊斋外景地。迁都之后，汉族老百姓纷纷回家开荒；那些听话点的鲜卑人，也不再骑马打猎、放牧，渐渐学会了科学种田。

一个年轻有为的皇帝，却只活了32岁，病死在行军打仗的路上。

他很不甘心，真的还想再活500年，但有什么办法呢，人的命天来定，管你皇帝不皇帝呢。他爹是拓跋弘，北魏的献文帝，他是爹妈的长子，取名拓跋宏，北魏王朝的第六位皇帝，大名鼎鼎的孝文帝。

实际上，拓跋宏是个优秀的乖孩子。他生于平城，也就是今天的山西大同。算起来，出生的那天是阴历八月二十九日，大约秋分与寒露之间，阳历是公元467年10月13日，中秋节、国庆节刚过去不久，月亮虽然不圆了，但银辉漫洒，鼻腔里满是桂花的香味。这么美好的季节，合该要诞生伟大的婴儿。

他转眼长到了3岁，在喜爱他的皇祖母冯太后的授意之下，被立为皇太子。却说北魏为了防止母后干政，出台了一项"子贵母死"的残忍制度。也就是说，儿子一旦立为太子，亲妈就要被赐死。就这样，拓跋宏永远失去了温暖的母爱。

一个白白胖胖的乖小孩，在奶奶的抚养和导引之下，一步步走上身不由己的仕途。5岁那年，他爹在冯太后强迫之下让出令人眼羡的皇位，拓跋宏懵懵懂懂地登基了。10岁那年，爹被奶奶软禁并杀害了。18岁那年，他在奶奶的指挥下开始推行著名的北魏改革。23岁那年，中国古代著名的女政治家冯太后走完了49年的人生历程。对于一手养大了自己的奶奶之死，拓跋宏很伤心，一连5天水米不进。在内心深处，他或许是矛盾的，奶奶悉心抚养了自己的躯体、塑造了自己的性格，可以说高恩浩荡，但爸爸却是奶奶杀的。那些天，他纠结得像一堆乱绳疙瘩，看什么都不顺眼，吃什么都没味道。

冯太后死后，拓跋宏亲政，继续推行未竟的改革。他大刀阔斧地整顿吏治，官员俸禄一律由国家筹集，规定老百姓在户调之外，每户增收帛三匹、粟二石九斗。小米，北方叫谷子，黄澄澄的，看上去很温暖，吃下去很顶饥。每家拿出二石九斗交公粮，还不至于太心疼。此外，他还搞了均田制、三长制及户调制度。公元494年，他27岁了，办了件轰轰烈烈的大事，把首都从大同迁到了洛阳。新首都必须有新面貌。拓跋宏强制性地要求鲜卑汉化，穿汉服，说汉语，改汉姓——他自己带头改姓元，还让丘穆陵氏改姓穆，步六孤氏改姓陆，贺赖氏改姓贺，独孤氏改姓刘，贺楼氏改姓楼，勿忸于氏改姓于，纥奚氏改姓嵇，尉迟氏改姓尉。这8种稀奇古怪的鲜卑姓氏经这么一压缩，果然简练明亮多了。

改革的阻力是巨大的，成效也是明显的。原本洛阳周边，乱草丛生，狐兔出没，是绝佳的聊斋外景地。迁都之后，汉族老百姓纷纷回家开荒；那些听话点的鲜卑人，也不再骑马、打猎、放牧，渐渐学会了科学种田。大伙儿荷锄挥铲，选种育苗，防旱保墒，收获了让人做梦都在打饱嗝的大堆粮食。吃，吃呀，吃吧，乡亲们频繁串门，热情地相互劝食。天很蓝，日头很暖，夸赞元宏的民歌，一边跑调，一边传得很远。